Kodo Sawaki Roshi
Kosho Uchiyama Roshi

Die Zen-Lehre des Landstreichers Kodo

Angkor Verlag

Die Zen-Lehre des Landstreichers Kodo./Sawaki, Kodo und Uchiyama, Kosho. Aus dem Englischen von Guido Keller und dem Japanischen von Muho. – Frankfurt am Main: Angkor Verlag, 2007.

Titel der japanischen Originalausgabe: *Yadonashi Kodo Hokkusan.*

Überarbeitete und erweiterte Neuausgabe von *Die Zen-Lehre des heimatlosen Kodo* (Frankfurt 2000, ISBN: 3-89811-201-2).

Mit freundlicher Genehmigung von Miyaura Shinyu, achter Abt des Klosters Antaiji.

Dank an Muho, neunter Abt des Antaiji (www.antaiji.dogen.de), für die Übersetzung von acht Kapiteln und die sehr hilfreichen Anmerkungen und Korrekturen.

Bibliografische Information der Deutschen Bibliothek:
Die Deutsche Bibliothek verzeichnet diese Publikation in der Deutschen Nationalbibliografie; detaillierte bibliografische Daten sind im Internet über http://dnb.ddb.de abrufbar.

© der deutschen Ausgabe: Angkor Verlag, Frankfurt 2007

Herstellung: Books on Demand GmbH

ISBN-13: 978-3-936018-51-6

Inhalt

Vorwort 6
Vorwort zu einer japanischen Neuauflage 7
Kurzbiographie von Kodo Sawaki Roshi 8
Kein Grund, in Ketten zu leben 10
Das ultimative Leben 11
Leistung 12
Die Größe Sawaki Roshis 14
Zum Selbst zurückkehren 15
Umstände 16
Die Herstellung von Sutren 17
Gruppenlähmung 18
Was ist wahres Glück?* 19
Menschen vom Fließband* 20
Psychologie des Mobs 21
Die Mode 22
Die Halluzination durch Menge 23
Treue 24
Die guten alten Ansichten* 26
Menschlicher Fortschritt 27
Die eigene Meinung 28
Essen sammeln und Eier ausbrüten 29
Den Unterschied erwägen 30
Mit einem niedergeschlagenen Gesicht* 32
Unser träges Leben 33
Religion ist Leben* 34
Geld 35
Jeder ist nackt 36
Vorausgesetzt, ich sterbe 37
Geister und die Macht der Einbildung 38
In der Familie 39
Mein Leben 40
Was macht dich so sexy* 42
Der Standpunkt der gewöhnlichen Person 44
Zazen lieber als Geld 46
Sich wie ein König fühlen 47
Meine Meinung 48
Wissenschaft und Menschen 49
Zu verlieren 50
Zazen des halben Weges 51
Sehen aufgrund des eigenen Karmas 52

Das Selbst abtreiben *53*
Um zu essen *54*
Schlechte Himmelswesen *55*
Nur wenn wir üben *57*
Die Stabilität eines vollständigen Lebens *58*
Allzu selbstbewusst sein *59*
Ein heiliger Mann *60*
Die Verzweiflung einer gewöhnlichen Person *61*
Zazen und Selbsttäuschung *62*
Der Zuschauer-Zen-Boom *63*
Kein Nutzen *65*
Momentane Eingebungen *66*
Eine Rose ist eine Rose *67*
Unreinheit und Unfreundlichkeit *68*
Eine erfundene Geschichte *70*
Selbst-Interesse *71*
Noten fürs moralische Verhalten* *72*
Tadellos sein *73*
Dogen Zenji *74*
Die Welt der Dinge *75*
Bedingte Sichtweise *76*
Die Aktualität *77*
Den Sinn von „Ich" aufgeben *78*
Über die Ängste des Lebens *79*
Über Segnungen *80*
Verbindung zum gesamten Universum *82*
Das wahre „Ich" ist nicht das Produkt des Denkens *84*
Zuviel Information und der Überfluss an Leben *86*
Was das Leben lebt, ist nur man selbst *88*
Ein Gauner schleicht ins leere Haus *89*
Die Tat eines Diebes und die Tat Buddhas *90*
Der „Was soll ich tun"-Tanz *92*
In Leere erstreben *93*
Die letzten Worte Sawaki Roshis** *95*
Über Kodo Sawaki Roshis Zazen *97*

*   Übersetzt aus dem Japanischen von Muho, Abt des Antaiji;
     auch enthalten in *An Dich* (Angkor Verlag 2005)
** Von Muho erstmals aus der japanischen Neuauflage übersetzt

*Ohne Absicht Schutz gewährend
ist die Vogelscheuche
im Reisfeld des Berges
nicht nutzlos.*

(Kalligrafie/Zeichnung von Kodo Sawaki, Gedicht von Dogen Zenji)

Vorwort

Im Herbst 1965 kam Herr Toshio Yamada, der damals Herausgeber der religiösen Kolumne in der *Asahi*-Zeitung war, nach Antaiji, um meinen Lehrer Kodo Sawaki Roshi zu besuchen. Kurz vor seinem Abschied sagte er zu mir: „Sawaki Roshi trifft seine Zuhörer mit seiner direkten Art tief. Könnten sie nicht einige Artikel darüber verfassen, wie Sie seine Lehre verstehen?" Ich dachte, das sei eine gute Idee und ein Teil meiner eigenen Übung. Zuerst las ich Sawakis Aussprüche, die ich in meinen Notizbüchern als „Dharma-Worte" aufgezeichnet hatte. Dann begann ich, sie zu kommentieren. Ich nannte das Werk *Yadonashi Kodo Hokkusan* („Die Zen-Lehre des Landstreichers Kodo").

In jenem Herbst wurde Sawaki Roshi sehr krank und ich konnte mit dem Projekt nicht fortfahren. Nach seinem Tod im November jenes Jahres wurden die Artikel, die ich fertiggestellt hatte, als sein Vermächtnis in regelmäßigen Abständen über einen Zeitraum von vierzehn Monaten veröffentlicht. Die Artikel zu schreiben vertiefte meine Wertschätzung von Sawaki Roshis Leben und Übung, tröstete und ermutigte mich. Allein und aufgewühlt wegen meines Lehrers Tod, war ich Herrn Yamada äußerst dankbar, der mir die Chance gab, Sawaki Roshis Lehre zu kommentieren.

Die Artikel wurden in zwei Büchlein mit dem Titel *Mamizu Shinsho* zusammengefasst und von *Hakujusha Co. Ltd.* veröffentlicht. In der Folge bat mich Herr Nakayama von *Hakujusha*, weitere Artikel zu schreiben, die als eines der *Hakujushinsho* veröffentlicht werden sollten.

Sawaki Roshi war wie ein alter Zen-Meister: furchtlos und unkonventionell. Ich dagegen bin so feige, dass ich zögere, den Menschen zu sagen, ein Schüler Sawaki Roshis gewesen zu sein. Dennoch übte ich mit ihm und diente ihm als sein engster Schüler länger als irgendein anderer. Als er dem Tode nahe war, fragte ich ihn: „Denkst du, ich werde die Menschen nach deinem Tod anleiten können?" Er antwortete: „In unserer Tradition ist Zazen der Mittelpunkt. So lange du mit Zazen fortfährst, kannst du Menschen anleiten." Er gab mir den Mut, den ich brauchte, und zeigte mir den Weg, den ich einschlagen sollte. Ich empfing dies als seine letzte Lehre. Seitdem habe ich mein Leben Zazen gewidmet und Antaiji als einen Platz gepflegt, an dem die Übung des Zazen den Mittelpunkt darstellt.

Es mag hilfreich sein, Sawaki Roshi anderen Menschen vorzustellen, so dass sie mit seiner Lehre vertraut werden. In dieser Welt gibt es mehr furchtsame Menschen wie mich als mutige wie ihn. In tiefer Dankbarkeit biete ich dieses Buch zum siebten Todestag meines Meisters an.

*Seiner letzten Stunden gedenkend
an diesem Tag im frühen Herbst
sieben Jahre nach seinem Tod.*

Kosho Uchiyama

Vorwort zur Neuauflage

Im Dezember dieses Jahres werden wir den 17. Todestag Sawaki Roshis begehen. Nach seinem Tod blieb ich zehn Jahre lang als Abt im Antaiji. Aufgrund des Einflusses Sawaki Roshis erblühte die Zazen-Übung im Antaiji, und das Kloster wurde nach Tajima (Präfektur Hyogo) verlegt. Dafür bin ich sehr dankbar.

Yadonashi Kodo Hokkusan wurde zuerst in zwei Büchlein veröffentlicht. Später ergänzte ich fünfzehn weitere Abschnitte und veröffentlichte dieses Werk als eine der *Hakujushinsho*. Dieser Tage sind zahllose Taschenbücher von großen Verlagen erhältlich, und Buchläden akzeptieren keine kleinen Auflagen von kleineren Publizisten mehr. Der Verleger bat mich deshalb um mehr Material, damit dieses Werk als eine einzige, größere Ausgabe herausgegeben werden konnte.

Im letzten Herbst sandte mir ein Mitglied des Jinno-in Wakokai das Manuskript einer Rede, die ich dort gehalten hatte, um meine Erlaubnis für eine Veröffentlichung derselben zu erhalten. Als ich das Manuskript las, kam mir die Idee, es *Yadonashi Kodo Hokkusan* hinzuzufügen, und ich bat den Abt des Jinno-in um Erlaubnis, den Text „Über Kodo Sawaki Roshis Zazen" als Teil dieses Buches benutzen zu dürfen. Ich bin glücklich, dass es nun als überarbeitete, erweiterte Ausgabe veröffentlicht wird und ich es zum 17. Todestag Sawaki Roshis darbieten kann.

Früher Sommer 1981
Kosho Uchiyama

Kurzbiografie von Kodo Sawaki Roshi

1880 Kodo Sawaki Roshi wird am 16. Juni in Tsu-shi, Präfektur Mie, als Sohn von Sotaro und Shige Tada geboren. Sie nennen ihn Saikichi; er ist eines von sieben Kindern (von denen drei jung sterben). Sein Vater Sotaro arbeitet als Hersteller von Rikscha-Teilen.

1884 Sawakis Mutter stirbt.

1887 Sein Vater stirbt. Er wird adoptiert von einem Onkel, der einige Monate später stirbt. Danach adoptiert ihn Bunkichi Sawaki, ein professioneller Spieler.

1892 Sawaki beendet die Grundschule.

1896 Er geht ins Eiheiji, um Mönch zu werden.

1897 Er wird von Koho Sawada, Abt des Soshinji, Amakusa (Kyushu) ordiniert, übt bei ihm zwei Jahre lang und empfängt den Mönchsnamen „Kodo".

1899 Sawaki bleibt ein Jahr lang bei Ryoun Fueoka in Kioto.

1900 Sawaki wird zum Kriegsdienst einberufen.

1904 Er wird als Infanterist im Russisch-Japanischen Krieg nach China gesandt, erleidet eine schwere Verwundung und kehrt zur Behandlung und Genesung nach Japan zurück.

1905 Wieder als Infanterist in China. Der Russisch-Japanische Krieg endet.

1906 Rückkehr nach Japan.
1908 Beginn des Studiums der Yogacara-Philosophie bei Join Saeki im Horyu-Tempel, Präfektur Nara.

1912 Sawaki verläßt den Horyuji und wird *tanto* (Lehrer der Mönche) im Yosenji, Matsusaka, Präfektur Mie.

1913 Sawaki trifft Sotan Oka Roshi, Abt des Daijiji.

1914 Er geht in den Jofukuji, einen kleinen Tempel in Nara, bleibt dort allein und konzentriert sich auf Zazen.

1916 Er wird *koshi* (Lehrer) am Daijiji Sodo; viele Studenten der Fünften Hochschule praktizieren mit ihm.

1922 Sotan Oka Roshi stirbt. Sawaki zieht in ein kleines Haus in Kumamoto, das ihm ein Freund vermietet. Er nennt das Haus „Daitetsudo".

1923 Er zieht ins „Mannichi-zan", ein Haus, das ihm die Familie Shibata vermietet. Er beginnt mit seinen Reisen durch Japan, um zu lehren und Sesshin abzuhalten und nennt dies „das wandernde Kloster".

1935 Sawaki wird Professor der Komazawa-Universität, lehrt Zen-Literatur und leitet Meditations-Übungen. Er wird zum *godo* (Meister der Übung) im Sojiji ernannt.

1940 Er gründet Tengyo Zen-en im Daichuji, Präfektur Tochigi. Gibt die Stellung des *godo* im Sojiji auf.

1949 Sawaki gründet Antaiji Shichikurin Sanzen Dojo.

1963 Er verlässt aufgrund von Krankheit die Komazawa-Universität und zieht sich ins Antaiji zurück.

1965 Sawaki Roshi stirbt am 21. Dezember im Antaiji.

Kein Grund, in Ketten zu leben

Sawaki Roshi: Die Menschen nennen mich „Landstreicher Kodo", doch ich sehe das nicht als Beleidigung an. Sie nennen mich so, weil ich niemals einen Tempel oder ein Haus hatte. Jeder Mensch ist hauslos. Es ist ein Fehler zu denken, du hättest ein festes Zuhause.

Uchiyama Roshi: Als sein Schüler fühlte ich mich nicht immer wohl, wenn Sawaki Roshi „Landstreicher Kodo" genannt wurde. Das Wort „Landstreicher" erinnert mich an streunende Hunde und Katzen. Doch nun verstehe ich, dass dieser Kosename der Titel eines wahren Menschen ist. Jeder ist in Wirklichkeit ein Landstreicher.

Weil mein Lehrer eine „hauslose" Person war, musste ich das auch sein. Die einzige Möglichkeit, mich zu ernähren, war das Betteln, wobei mich den ganzen Tag Hunde anbellten. Einmal kläffte mich ein Spitz bösartig an, knurrte und sprang, als ob er mich in Stücke reißen wollte. Plötzlich brach sein Halsband und er begann sofort, schüchtern zu winseln. Ein Hund droht durch Bellen und knurrt, wenn er an Ketten liegt, verliert aber schnell die Nerven, wenn er befreit wird. Das Verhalten des Spitzes amüsierte mich, erinnerte es doch an manche Menschen. Sie verhalten sich bedrohlich, wenn sie von finanzieller Kraft, Titeln und Organisationen gebunden werden. Sobald ihre Ketten aber beseitigt sind, ziehen sie sich zurück, fühlen sich klein und machtlos. Wie absurd sie sind. Jeder von uns ist bloß ein Mensch, der auf majestätische Art allein lebt. Für einen Menschen gibt es keinen Grund, in Ketten zu leben.

Das ultimative Leben

Sawaki Roshi: Eine Religion, die keine Verbindung zu den Grundlagen des Lebens hat, ist fruchtlos. Buddhistische Übung zeigt den Weg zur vollen Verwirklichung des ultimativen Zieles menschlichen Lebens auf – hier und jetzt. „Nicht-Buddhisten zu bekehren" bedeutet, Menschen auf eine solche Art leben zu lassen; dadurch werden ihre ziellosen, arglistigen und unvollständigen Leben verwandelt.

Uchiyama Roshi: Vor vierzehnhundert Jahren wurde der Buddhismus in Japan eingeführt. Die Leistungen buddhistischer Priester in Japan waren bewundernswert. Sie haben nie die religiöse Essenz des Buddhismus gelehrt. Der Beruf eines Priesters ist ohne Vergleich, weil niemand sonst ein solch eitles Leben führen kann. Wenn du einen Fehler beim Sutren-Rezitieren machst, beschweren sich die Toten nicht.

Sawaki Roshi sagte, dass buddhistische Übung den Weg zum ultimativen Ziel menschlichen Lebens aufzeige. Dies war die Lehre des Buddhismus zur Zeit des Buddha, doch seitdem wurde der Unsinn buddhistischen Lehrens betont und die wahre Lehre ging verloren.

Sawaki Roshi: Die meisten Menschen tun Dinge ohne klare Sicht aufs Leben. Sie machen alles behelfsmäßig, so wie sie ihre Schulter pflastern, wenn sie sich steif anfühlt.

Als Mensch geboren zu werden ist ein seltenes Ereignis, wofür man dankbar sein sollte. Dein Leben ist aber wertlos, wenn du es in einem Irrenhaus verbringst. Es ist wertlos, wenn du dich sorgst, weil du kein Geld hast. Es ist wertlos, wenn du neurotisch wirst, weil du keinen Job bekommst, der mit Ansehen verbunden ist. Es ist wertlos, wenn du jammerst, weil du deine Freundin verloren hast.

Leistung

Sawaki Roshi: Manche Studenten schummeln bei den Aufnahmetests der Universitäten. Deshalb müssen sie dann auch bei den Abschlussexamen schummeln. Das ist die verbogene und verzwickte Lage, die man Dummheit nennt. Jeder in dieser Welt tut solche Dinge.

Uchiyama Roshi: Alle Menschen sind auf die eine oder andere Art kurzsichtig. Manche verschulden sich, um sich Luxusautos als Symbole des Reichtums kaufen zu können. Oder: Um einem korrupten Chef zu helfen, eine hohe Stellung zu erlangen, wird ein treuer Lakai für ihn einstehen, selbst wenn er dafür ins Gefängnis muss. Wir neigen dazu, inkonsequent zu handeln, als ob wir nicht denken könnten oder keinen Sinn für Richtung hätten. In der modernen Gesellschaft versuchen Menschen ihre Leistung in jedem Bereich des täglichen Lebens zu erhöhen. Doch wohin streben sie? Egal, wie effizient sie handeln, solange sie nicht in die rechte Richtung gehen, gibt es keinen Unterschied zwischen ihnen und den Insekten, die zu Frühlingsbeginn anfangen herumzusummen.

Wissenschaft und Technik haben große Fortschritte erzielt. Das bedeutet nicht immer Verbesserungen für die Menschheit. Wir sollten den Unterschied zwischen beidem klar erkennen. Wir sollten tief darüber nachdenken, was wahrer Fortschritt für die Menschen bedeutet.

Sawaki Roshi: Die Welt ist klein geworden durch all die Entwicklungen im Transportwesen. Was machen die da alle, die in ihren schnellen Autos herumdüsen? Sie fahren schnell, bloß um ihre wertlose Zeit zu retten. Sie werden Tischtennis spielen gehen.

Ein üblicher Anblick ist der rotäugige Mitarbeiter, der Vitaminpillen nimmt und sagt: „Ich war die ganze Nacht wach und habe Mahjong gespielt.

Klar sehen

Sawaki Roshi: Wenn du anderen Menschen Dinge stiehlst, wirst du zum Dieb. Manche Menschen glauben, dass du nur zum Dieb wirst, wenn du von einem Polizisten verhaftet wirst und von einem Staatsanwalt verhört, wenn ein Urteil gegen dich erlassen wird und du ins Gefängnis wanderst. Ein korrupter Politiker hält sich für einen Mann von Tugend und Talenten, wenn er nur Skandale vermeiden und der Verantwortung für sein Tun entkommen kann. Menschen sind so idiotisch!

Alexander der Große, Cäsar und Dschingis Khan waren bloß große Diebe. Ishikawa Goemon und Tenichibo[1] waren nichts im Vergleich zu Hitler und Mussolini. Hitler und Mussolini waren wie Kunisada Chuji[2], der sagte: „Lasst uns so weit gehen wie möglich" – sie taten dies in ungeheurem Ausmaß. Gangster dieser Art werden von ihren Anhängern gepriesen.

Wir verfallen ständig in den immergleichen Trott. Ein Mann mit politischer Macht versucht mithilfe von Schullehrern und Intellektuellen, uns neue Regeln aufzuzwingen. Die Wege der Verzerrung sind langsam und kompliziert. Die Weisheit Buddhas sieht durch diese Verzerrung hindurch.

Uchiyama Roshi: Die meisten Menschen wurden verdummt. Es wäre schön, wenn Präsidenten, Premierminister und andere V.I.P.s uns wirklich wichtig wären, doch wir haben ein Problem, wenn sie uns nur aufgrund von Konvention und Verzerrung wichtig erscheinen. Buddhistische Übung erlaubt den Menschen, ihre Augen neu zu öffnen und klar zu sehen, statt Verzerrungen zum Opfer zu fallen. Um die verfälschte und tödliche Situation der Weltpolitik zu entzerren, muss jeder seine Augen öffnen und kritisieren, was er sieht.

---

[1] Ishikawa Goemon (1558–1594): verrufener Dieb; Tenichibo: Charakter aus dem traditionellen Repertoire japanischer Geschichtenerzähler.
[2] Kunisada Chuji (1810–1850): ein galanter Spieler.

Die Größe Sawaki Roshis

Sawaki Roshi: Jemand sagte: „Sawaki Roshi hat sein ganzes Leben an Zazen verschwendet."

Uchiyama Roshi: So beurteilte Sawaki Roshi sich selbst in der Serie „Das ungeschminkte Gesicht", die letztes Jahr (1965) im *Asahi Journal* veröffentlicht wurde. Seit seinem Tod am 21. Dezember kamen seine Nachfolger zum Antaiji, um seiner verstorbenen Seele Weihrauch darzubringen. Die meisten erinnern sich an ihn nicht als einen Menschen, der „sein ganzes Leben an Zazen verschwendete". Einer sagte: „Sawaki Roshi hat General Ugaki die Meinung gesagt!" Ein anderer: „Als er den alten Herrn Matsunaga traf, tat er dies und das." Noch ein anderer meinte: „Als ich ihn nach der Suez-Krise fragte, war ich von seiner Antwort sehr beeindruckt, obwohl ich nicht recht verstand, was er meinte. Er sagte: ‚Du solltest den Kanal mit einer *kesa* (Mönchsrobe) bedecken.'"

Im Russisch-Japanischen Krieg (1904-1905) war Sawaki Roshi ein mutiger und hochdekorierter Soldat gewesen. Er sagte immer: „Als Draufgänger war ich ein unschlagbar." Doch sogleich betonte er: „Das ist nur die Größe eines Mori no Ishimatsu[3]."

Sawaki Roshi war von Geburt an ein starker und anregender Mensch, der andere Menschen führen konnte und sie anzog wie ein Magnet. Das war sein Karma, für ihn so natürlich wie für eine Katze das Mäusefangen oder für einen Moschushirsch das Verströmen eines anziehenden Duftes. Das war nicht seine Größe als Buddhist.

Früher oder später wird eine Sammlung mit Anekdoten aus seinem Leben veröffentlicht werden, doch die wird die Menschen nur unterhalten und keinen Buddhismus lehren. Manchmal verfehlen wir das Ziel, wenn wir einen Menschen preisen. In diesem Fall besteht dann keine Verbindung zwischen seinem „Verschwenden des Lebens an Zazen" und der Größe seines Charakters.

---

[3] Ein Spieler, der bekannt für seinen Mut war.

Zum Selbst zurückkehren

Sawaki Roshi: Du kannst mit anderen keine Fürze austauschen, oder? Jeder muss sein eigenes Selbst leben. Wer sieht gut aus? Wer ist schlau? Du oder ich? Es gibt keinen Grund, dich mit anderen zu vergleichen.

Uchiyama Roshi: Sawaki Roshi widmete sein ganzes Leben Zazen. Wie beschrieb er es? In seiner frühen Lehre sagte er oft: „Zazen macht das Selbst zum Selbst" und „Zazen machen heißt, mit dem Selbst vertraut zu werden." Zazen zu üben bedeutet, alles abzuwerfen und nur zu sitzen, wodurch „das Selbst zum Selbst" gemacht wird.

Bald werden Abschluss- und Aufnahmeexamen in den Schulen abgehalten. Manche Studenten werden wegen ihrer schlechten Noten in den Examen Selbstmord begehen. Das heutige Erziehungssystem lehrt nur Wettbewerb. Es lehrt nicht, wie man zum Selbst zurückkehren kann. Darum entstehen solche Tragödien.

Ob du andere bezwingst oder von ihnen bezwungen wirst, du lebst aus dem Selbst heraus, das nur das Selbst ist. Du wirst nie zu jemand anderem. Ohne dich um Erfolg oder Versagen zu sorgen, kehre zurück zum Selbst. Zazen ist die Übung, bei der du „alle Vorstellungen und Angelegenheiten loslässt" (Dogen Zenjis *Fukan Zazengi*). Im *Sutta-Nipata* sagte Buddha: „Mach dich selbst zur Zuflucht und sei von nichts gebunden, während du durchs Leben gehst." Dogen schrieb im *Genjokoan*: „Buddhismus zu studieren bedeutet das Selbst zu studieren." Ohne dadurch, dass du dich mit anderen vergleichst, hin- und hergerissen zu werden, lass dich zum wahren Selbst nieder. Nach Buddhas Lehre ist das der wesentliche Weg, den Geist zu befrieden. Es ist das reinste Zazen.

Sawaki Roshi: Sitze aufrecht auf deinem Platz, jenseits jeder Frage, ob du großartig bist oder nicht.

Umstände

Sawaki Roshi: Heutzutage sagen Gangster und Schläger oft: „Meine Lebensumstände waren schlecht", um zu entschuldigen, dass sie ein Verbrechen begangen haben, für das sie ins Gefängnis kommen. Welche Umstände sind gut oder schlecht? Ist es gut, arm geboren zu werden? Ist es schlecht, reich geboren zu werden? Wie schade, wenn du – obschon als Mensch geboren – nicht deines wahren Selbst gewahr wirst. *Das* sind wirklich schlechte Umstände!

Uchiyama Roshi: Als Sawaki Roshi fünf Jahre alt war, starb seine Mutter. Als er acht war, sein Vater. Er wurde von Bunkichi Sawaki adoptiert. Bunkichi gab sich als Papierlaternenhersteller aus, war aber ein professioneller Spieler. Bald nachdem Sawaki Roshi mit seinen neuen Eltern zu leben begonnen hatte, bat ihn sein Stiefvater, nach der Polizei Ausschau zu halten. Damals war Saikichi (Sawaki Roshis Name als Laie) darüber erstaunt. Sein Zuhause lag in einer Hintergasse des Rotlichtbezirks. Als er wegen einer beinahe tödlichen Verwundung aus dem Russisch-Japanischen Krieg zurückkehrte, fand Saikichi seine Stiefmutter, die eine Prostituierte war, verrückt vor. Sie war gefesselt und mit ihren eigenen Exkrementen eingeschmiert. Sein Stiefvater war zum Zocken weg, darum blieb Saikichi bei einem Nachbarn. Später kam sein Stiefvater heim und sagte zu ihm: „Deine Mama ist verrückt geworden und ich bin pleite. Was soll ich machen? Gib mir etwas Geld!"

Auch wenn er in solch einer Umgebung aufwuchs, Sawaki Roshi lebte sein Leben nur zum Wohle des Buddha-Dharma. Anekdoten wie die obige sind ein Ausdruck seiner Ungeduld mit der Jugend von heute. Zugleich stellen sie eine unbegrenzte Warnung für uns alle dar, die wir uns von den Umständen unseres persönlichen Lebens gebunden fühlen.

Die Herstellung von Sutren

Sawaki Roshi: Die Person, die ihr Zuhause verlassen hat, muss ihr eigenes Leben schaffen.

Uchiyama Roshi: Dies ist einer seiner Lieblingsaussprüche. Das „hauslose Leben" war seine Schöpfung. Das Dharma in gehaltvoller und kreativer Umgangssprache zu lehren statt buddhistisch-technische Termini zu benutzen, das war sein einzigartiger Stil. Doch als sein Schüler werde ich nicht seiner Lehre folgen, indem ich nur sein Leben imitiere oder seine Aussprüche wiederhole. Wenn ich sein wahrer Schüler sein will, muss ich ihn überschreiten, meinen eigenen Lebensweg schaffen und den Buddhismus in meinen eigenen Worten ausdrücken. Ich kann also nicht damit zufrieden sein, nur seine Bemerkungen zu wiederholen oder zu kommentieren. Er sagte oft: „Alle buddhistischen Schriften sind nur Fußnoten zu Zazen." Ich möchte mit Zazen noch intensiver fortfahren als vor seinem Tod. Ich möchte die Bedeutung des Zazen auch in einer Sprache beschreiben, die modernen Männern und Frauen verständlich ist.

Der Buddhismus stagniert, weil Mönche und Schüler nur alte buddhistische Schriften auslegen. Niemand fertigt Sutren für unsere Zeit an. Mehrere Jahrhunderte lang, so ab der Zeit von Christus, wurden die ausgedehnten Schriften des Mahayana-Buddhismus von „Zazen-Menschen" hergestellt; sie waren für den Aufstieg des leuchtenden Mahayana-Buddhismus verantwortlich. Ich hätte gerne, dass heute ein neues Zeitalter für das Schaffen von Schriften des Mahayana-Buddhismus heranbricht. Die Religion versinkt und verliert ihr Leben durch bloße Auslegung und das Aufrechterhalten alteingesessener religiöser Ordnung. Nur wenn jeder von uns die Wirklichkeit seines Selbst für sein Selbst sucht und verantwortlich das eigene Leben schafft, wird die Religion ein wirklicher Quell der Veränderung in diesem Zeitalter werden.

Gruppenlähmung

Sawaki Roshi: Wenn eine Person allein ist, ist sie nicht schlecht. Wenn eine Gruppe gebildet wird, entsteht Lähmung, die Menschen werden so verwirrt, dass sie nicht mehr beurteilen können, was richtig und was falsch ist. Manche begeben sich mit Absicht in die Gruppe, nur um die Gruppenlähmung zu erfahren, sogar, wenn es eine Gebühr kostet. Oft suchen Menschen aus irgendwelchen politischen oder spirituellen Gründen per Anzeige Mitstreiter, nur um Gruppenlähmung zu erzeugen. Buddhistisch Übende halten etwas Abstand zur Gesellschaft, nicht um ihr zu entfliehen, sondern um diese Lähmung zu vermeiden.

Uchiyama Roshi: Im Buddhismus wird oft das Problem der Selbsttäuschung erwähnt. Die Bedeutung verschiedener Formen der Selbsttäuschung variierte von einem Zeitalter zum nächsten. Im alten Indien wurde Sex für die größte Täuschung gehalten, also versuchten buddhistisch Übende, ihre sexuellen Bedürfnisse unter allen Umständen zu unterdrücken.

Dogen Zenji sagte: „Ruhm verhaftet zu sein ist schlimmer als die Vorschriften zu verletzen". Er hielt die Jagd nach Ruhm und Reichtum für die schlimmste Form der Täuschung, weil zu seiner Zeit viele buddhistische Priester in Nara und auf den Bergen Koya und Hiei in einem Wettstreit um Ruhm und Reichtum miteinander standen.

Übende müssen sich der Täuschungen sexuellen Begehrens und des Jagens nach Ruhm und Reichtum bewusst sein. Doch mit dem Begriff „Gruppenlähmung" hat Sawaki Roshi eine Haupttäuschung unserer Zeit herausgestellt. Heute leben Männer und Frauen ihr Leben in Abhängigkeit von Gruppen und Organisationen, sie lassen sich einfach in ihnen treiben, ohne je wirkliche Wurzeln zu bilden. Der Buddhismus ist die Übung des Erwachens von allen Formen der Täuschung, des Öffnens des „klaren Auges des Selbst".

Was ist wahres Glück?

Sawaki Roshi: Der Streit zwischen Kater und Gaul, was denn das Glück ausmache, soll nie zu einem Ende gekommen sein. Vertrau nicht aufs Horoskop: Wie wir unser Leben zu leben haben, steht nicht fest!

Uchiyama Roshi: Manche Sektenanhänger missionieren auf der Straße, indem sie die Leute fragen: „Sind Sie wirklich glücklich?" Damit legen sie ihren Finger auf einen wunden Punkt von uns Menschen: Wir versuchen verzweifelt, glücklich und zufrieden zu sein, aber so richtig scheint uns das nie zu gelingen. Selbst wenn wir glücklich verliebt sind, bekommen wir dieses „Glück" doch nie richtig fest in den Griff – es währt nicht für das ganze Leben. Zumindest nicht für die gewöhnlichen Sterblichen unter uns.

Deshalb lassen sich manche von denen, die keine gute Antwort auf die Frage nach wahrem Glück finden, breitschlagen von dem Versprechen: „Wenn Sie unserer Religion beitreten, werden Sie wirklich glücklich und zufrieden sein!" Warum kommt keiner auf die Idee, einfach zurückzufragen: „Was meinst du den überhaupt mit ‚wirklichem Glück'?"

Wenn die Antwort lauten sollte, dass wirkliches Glück bedeute, Geld zu haben, beliebt bei den Freunden zu sein und sich guter Gesundheit zu erfreuen, dann wird dich nichts unglücklicher machen als dein Tod. Denn der Tod wird dir unvermeidlicherweise all das Geld, all die Freunde und Gesundheit wieder abnehmen. Solange du glaubst, dass wirkliches Glück oder Zufriedenheit etwas damit zu tun habe, sich „glücklich" oder „unglücklich", „zufrieden" oder „unzufrieden" zu fühlen, wird nicht nur die Diskussion zwischen Kater und Gaul zu keinem Ergebnis kommen, sondern auch du selbst wirst nie eine Antwort auf diese Frage finden.

Sawaki Roshi: Schönheit ist keine Garantie für ein glückliches Leben. Eine ist so beliebt bei den Männern, dass sie schon ihr drittes Kind hat, das seinen Vater nicht kennt.

Ihr liebt euch? Aber vielleicht nicht fürs ganze Leben.

Es gab da schon welche, die liebten sich so, dass sie zusammen Selbstmord begingen, um im Tod für immer vereint zu sein. Einer von beiden überlebte und verliebte sich kurz darauf von neuem.

Die Menschen sind bemitleidenswert ...

Menschen vom Fließband

Sawaki Roshi: Es fängt bereits mit dem Unterricht in der Schule an: Prüfungen halten, Punkte verteilen, die Menschen nach ihren Leistungen gruppieren und nummerieren – wie blödsinnig! Was bedeuteten Worte wie „wichtig" und „unwichtig" überhaupt? Ist es „wichtig", ein gutes Gedächtnis zu haben? Ist einer, der ein schlechtes Gedächtnis hat, ein schlechter Mensch? Gibt es nicht viele Idioten mit einem guten Gedächtnis?

Und diejenigen, die bei der Notenverteilung auf der untersten Stufe gelandet sind, verfluchen ihr Schicksal und verbringen den Rest ihres Lebens in Argwohn. Und dabei merken sie nicht, dass dieser Argwohn ihr eigentliches Problem ist.

Uchiyama Roshi: Das Mädchen im Nacht-Club, das die meisten Kunden hat, ist die Nummer Eins. Bedeutet das, dass sie weniger einsam ist als die anderen? Ist sie nicht bloß das Produkt im Laden, das sich gerade am besten verkauft? Aber selbst wenn du dich gut verkaufst, wirst du dich einsam fühlen, sobald du erkennst, dass du nur ein Produkt im Regal bist.

Die Schulen sind heute nichts als Fabriken, in denen solche Produkte am Fließband hergestellt werden. Und das Ziel der „Erziehung" ist, die Produkte so teuer zu verkaufen wie möglich: von einer guten Grundschule an ein gutes Gymnasium, von einem guten Gymnasium an eine gute Universität. Und das Ziel des Unistudiums liegt darin, einen guten Job zu bekommen. Auf diese Weise wirst du von einer Schule in die nächste befördert, bis du endlich am Schreibtisch irgendeiner Firma landest, die dich als Menschenmaterial verschachern wird.

Es ist nur natürlich, dass die Jugend auf ihre Weise gegen diese Form von Ausbeutung protestiert. Andererseits ist es aber nicht genug, einfach zu sagen: „Ich scheiß auf diese Gesellschaft!" Das wird deine Probleme nicht lösen, denn am Ende scheißt du damit nur auf dein eigenes Leben.

Sawaki Roshi: Ursprünglich bedeutete Studium, Einblick in das eigene Leben zu gewinnen. Heute ist daraus eine Qualifikation für das Berufsleben geworden.

Psychologie des Mobs

Sawaki Roshi: Die Psychologie des Mobs kommt mir so seltsam vor. Wenn Menschen etwas nicht wissen, sollten sie besser nichts sagen. Doch Menschen tun Dinge, sagen Dinge und hängen sich an andere, ohne eigene Überzeugungen zu haben. Sie kennen sich selbst überhaupt nicht. Das ist *ukiyo*, die fließende Welt.

Auch wenn du glaubst, etwas Tapferes getan zu haben – hast du nur andere nachgeahmt, kann man es nicht wirklich tapfer nennen.

Verlier in schwierigen Umständen nicht den Kopf. Lass dich nicht von einer vergifteten Atmosphäre vergiften. Das ist die einzige wahre Weisheit. Lass dich nicht von irgendeiner Idee bezwingen, einem „Ismus" oder irgendeiner Organisation. Hab nichts zu tun mit dem großen Narren, den man „Mensch" nennt.

Uchiyama Roshi: Der kürzliche Ärger an der Waseda-Universität ist ein gutes Beispiel. Ich war dort selbst während eines Streiks im Jahre 1931 Student und beobachtete die Studentenbewegung von innen. Ich kann bestätigen, wie leicht Menschen in einer solchen Umgebung vergiftet werden. Das nächste Mal aber sollten sie, statt Pamphlete zu verteilen, große Banner an den Uhrturm hängen, auf denen steht: „Auch wenn du glaubst, etwas Tapferes getan zu haben – hast du nur andere nachgeahmt, kann man es nicht wirklich tapfer nennen! Und: Verlier in schwierigen Umständen nicht den Kopf! Lass dich nicht von einer vergifteten Atmosphäre vergiften!" Sie sollten demonstrieren, während sie auf diese Banner schauen.

Sawaki Roshi: Zazen zu machen bedeutet, nach einem Winterschlaf die Welt neu zu betrachten.

Am besten tut man nichts außer Zazen. Wenn du was anderes machst, hat dich vielleicht der Teufel dazu getrieben.

Die Mode

Sawaki Roshi: Oft ahmt ein Kind in seinem Tun blind andere nach. Wenn sein Freund eine Kartoffel isst, will es auch eine essen. Wenn seine Freundin Süßigkeiten isst, will es auch welche. Wenn ein Bekannter *kintama-bue*[4] bekommt, bettelt es bei seinen Eltern: „Bitte kauft mir eine *kintama-bue*!" Und es sind nicht nur Kinder, die so etwas tun.

Uchiyama Roshi: Zu der Zeit, als *Dakkochan* – eine Art Plastikpuppe – in Mode waren, las ich einen Brief in der Leserrubrik einer Zeitung. Er lautete: „Weil meine Tochter eine *Dakkochan* wollte, gingen wir in ein Kaufhaus. Wir mussten uns anstellen, doch plötzlich waren sie ausverkauft, während wir noch warteten. Unsere Tochter ist nun sehr enttäuscht. Bitte stellen sie so viele Puppen für die Mädchen her, dass alle, die welche wollen, sie auch bekommen können."

Das war wirklich ein blöder Brief, doch fand ich ihn auch interessant, weil er eine weit verbreitete Haltung ausdrückt. Ich erinnere mich genau, diese Mutter beschwerte sich, als wäre sie am Heulen. *Dakkochan* würden bald aus der Mode kommen und niemand mehr ihnen Aufmerksamkeit schenken, doch für sie war es schlimmer als der Tod, hinter der Zeit zurückzubleiben. Manche Menschen denken auch, um in eine erstklassige Grundschule zu kommen, müssten Kinder in einen erstklassigen Kindergarten gehen; deshalb stellen sie sich frühzeitig an, um eine Zuteilung zu erhalten. *Kyoiku-Mama*[5] möchte, dass ihre Kinder Piano spielen, darum machen sie Schulden, um eines kaufen zu können. Indem sie den Moden des Tages folgen, finden viele Menschen ihr Leben sinnvoll. Zuerst drei Arten von Elektrogeräten; dann eine Kamera; dann ein neues Auto; schließlich die Klimaanlage. „Werdet ein bisschen erwachsen", antworte ich da spontan.

---

[4] Eine Bambusflöte mit einem Ballon an einem Ende.
[5] Kosename eines Typs Mutter, der fanatisch die Erziehung der Kinder vorantreibt; *kyoiku* bedeutet Erziehung.

Die Halluzination durch Menge

Sawaki Roshi: Weil zahlreiche moderne religiöse Gruppen entstehen, denken viele Menschen, diese würden die wahre Religion wiedergeben. Eine große Anzahl Gläubiger aber macht eine Religion nicht wahr. Wenn große Zahlen gut sind, dann ist da erst mal die immense Zahl gewöhnlicher Menschen auf der Welt. Sie versuchen oft etwas zu tun, indem sie Gruppen bilden und eine Überzahl zu ihrem Gegner bilden. Doch sie machen sich nur lächerlich. Eine Partei zu gründen ist ein gutes Beispiel von Gruppenlähmung. Die Gruppenlähmung aufzuheben und das Selbst zu werden, das nur das Selbst ist, das ist die Übung des Zazen.

Uchiyama Roshi: Egal, wie viel Kohlenasche da ist, es handelt sich nur um Kohlenasche. Doch wenn eine große Menge vor ihnen auftaucht, sind die Menschen davon beeindruckt und halten sie für etwas Bedeutendes. Menschen verwechseln Quantität und Qualität. Manche Menschen, die die Psychologie des Mobs verstehen, mögen sagen: „Lasst uns eine Gruppe bilden, uns organisieren, einen großen Tempel bauen und reich und mächtig werden."

Wahre Religion befriedigt nicht des Menschen Wunsch nach Geld, Ruhm, sozialer Stellung oder Gesundheit. Ein Leben auf der Grundlage religiöser Innensicht zu führen bedeutet, tief das universelle menschliche Ideal zu untersuchen, es in einem selbst zu verwirklichen und Augenblick für Augenblick zu leben. Wenn etwas, das irrtümlicherweise Religion genannt wird, sich überallhin ausbreitet, indem es den Wünschen der Massen schmeichelt, sollte es nicht Weltreligion genannt werden. Wir müssen es als Ketzerei ansehen, die sich auf der ganzen Welt wie eine Epidemie ausdehnt. Eine Religion, die aufrichtig das universelle menschliche Ideal untersucht und Menschen zeigt, wie sie es verwirklichen können, kann als Weltreligion bezeichnet werden, selbst wenn ihr nur eine oder eine halbe Person ihr Leben widmet.

Treue

Sawaki Roshi: Als Hojos Truppen die Chihaya-Burg von Kusunoki Masashige angriffen, sollen die Freunde der gefallenen Krieger des Hojo-Clans diese angeblich wegen ihres „glorreichen Todes" auf dem Schlachtfeld mit den Worten gepriesen haben[6]: „Ein Mann verliert sein Leben nutzlos auf der Suche nach Ruhm. Warum gibt er nicht zum Wohle des Dharma sein Leben hin?"

Mit dem Sino-Japanischen Krieg (1894–1895) und dem Russisch-Japanischen Krieg (1904–1905) dehnten wir das japanische Gebiet aus und annektierten Korea. Wir glaubten, es wirklich geschafft zu haben. Doch als wir den Zweiten Weltkrieg verloren, verloren wir alles und verstanden, dass wir nur die Feindschaft anderer Länder erzeugt hatten. Menschen reden oft von Treue, doch ich frage mich, ob sie die Richtung ihrer Treue und ihrer Handlungen kennen. Ich war selbst während des Russisch-Japanischen Krieges Soldat und kämpfte unerbittlich auf dem Schlachtfeld. Doch seit wir verloren haben, was wir einst gewannen, kann ich erkennen, dass unsere Taten nutzlos waren. Es gibt überhaupt keinen Grund, einen Krieg zu führen.

Uchiyama Roshi: Weil Sawaki Roshi im Russisch-Japanischen Krieg kämpfte, gelten seine Worte nicht nur anderen, sondern auch ihm selbst, als Selbst-Reflexion. Wir, die vor dem Zweiten Weltkrieg in der Schule waren, bekamen eingetrichtert, dass Japan die größte Nation auf Erden sei und all sein Handeln gerecht und dass wir persönliche Unsterblichkeit erlangten, wenn wir Japan treu blieben. Wir glaubten das wirklich. Nach dem Krieg konnten die meisten Japaner sehen, dass das nicht stimmte, und einige von ihnen wandten sich vom Nationalismus ab.

Wenn wir über unsere Vergangenheit nachsinnen und an die Zukunft denken, sollten wir nicht nur unsere Loyalität Japan gegenüber in Frage stellen, sondern die Loyalität jeder Nation gegenüber. Welchem Land du auch immer ergeben bist, es wird doch nur eine Seite im Buch der

---

[6] 1332 kämpfte Kusunoki Masashige gegen Hojo, um dem Herrscher Godaigo zu helfen, der von Hojo politische Macht in Kamakura wiederzuerlangen suchte. Kusunoki war für seine Loyalität berühmt, Hojo wurde für einen Rebellen gehalten.

Geschichte sein. „Wenn die Truppen gewinnen, wird ihre Seite loyal genannt; wenn die Truppen verlieren, wird ihre Seite rebellisch genannt." Wichtig sind ein klares Betrachten des Selbst sowie vernünftiges und besonnenes Handeln.

Sawaki Roshi: Was ist das wahre Selbst? Es ist auf strahlende Art transparent, wie ein tiefblauer Himmel. Es gibt keine Kluft zwischen dem wahren Selbst und allen fühlenden Wesen.

Die guten alten Ansichten

Sawaki Roshi: Was die Erwachsenen den Kindern predigen, sind oft nichts als veraltete Ansichten. Die Ansicht, dass Gutes gut und Schlechtes schlecht ist, hat ihre besten Tage längst hinter sich.

Auch beim Gemüse wird das, was einmal essbar war, ungenießbar, wenn es seine besten Tage hinter sich hat. Wir müssen die Dinge stets aus einem frischen Blickwinkel heraus betrachten.

„Das ist eine wichtige Sache!" Was ist eine wichtige Sache? Es gibt überhaupt keine so wichtigen Sachen. Wenn wir sterben, müssen wir alles zurücklassen. Die Kulturgüter und „Schätze der Nation" in Nara oder Kioto werden früher oder später verloren gehen. Wir könnten sie auch jetzt gleich in Brand stecken!

Uchiyama Roshi: Mir begegnen öfters Leute, die von dem neuesten Buch irgendeines Philosophieprofessors schwärmen: „Das ist wirklich ein Wahnsinnsbuch! Hast du es auch gelesen?" Wenn ich sie dann aber Frage, ob sie das Buch auch verstanden haben, sagen sie: „Nein, wie sollte ich? Es ist wirklich schwer."

Die meisten Japaner bilden sich nicht viel auf ihre Fähigkeiten ein: Wenn sie das Buch eines berühmten Professors lesen, gehen sie davon aus, dass es ein gutes Buch sein muss, und dass es nur an ihnen selbst liegt, wenn sie es nicht verstehen. Das gilt auch für all die Leute, die nach dem Krieg vor den Buchläden Schlange standen, um sich eins dieser missratenen Werke Nishida Kitaros zu kaufen. Die kamen gar nicht auf die Idee, dass es nicht an ihnen liegen könnte, dass ihnen diese Werke so unverständlich vorkamen.

Manche mögen auch schockiert sein, wenn sie hören, was Sawaki Roshi über die altehrwürdigen Kulturschätze in Kioto und Nara zu sagen hat:

Sawaki Roshi: Wofür sind der Todaiji und der Horyuji und all die anderen Tempel eigentlich gebaut worden? Letztendlich nur, um sich darin Taugenichtse als Bonzen zu halten, so wie der Bauer sich Schafe und Kühe hält. Kein Wunder also, wenn es Mönche gibt, die den Kinkakuji oder Enryakuji in Brand setzen. Das Gleiche gilt auch für den Ginkakuji.

Menschlicher Fortschritt

Sawaki Roshi: Nach all ihren Bemühungen, indem sie ihr Hirn so intensiv wie möglich anstrengte, befindet sich die Menschheit heute doch an einem toten Punkt. Menschen sind Idioten. Wir halten uns für Weise und tun närrische Dinge.

Trotz wissenschaftlichen Fortschritts haben Menschen keine Größe erreicht.

Seit den Anfängen der Geschichte haben Menschen immer gegeneinander gekämpft. Egal wie groß oder klein ein Krieg ist, die Wurzel dafür ist in unseren Köpfen; diese Köpfe haben einen Hang zum gegenseitigen Anknurren.

Du solltest nicht vergessen, dass die moderne wissenschaftliche Kultur auf der Grundlage niedersten Bewusstseins entstand.

„Zivilisation" heißt das Gerede der Welt. Doch Zivilisation und Kultur sind nichts als die gemeinsame Entwicklung illusorischer Wünsche. Egal wie viele Winkel illusorischer Wünsche du in deinem Hirn hast, vom Standpunkt des Buddhismus aus werden sie den Menschen nie bedeutenden Fortschritt bringen. „Fortschritt" heißt das Gerede der Welt – doch in welche Richtung schreiten wir fort?

Uchiyama Roshi: Die Menschen sind heute verwirrt vom Fortschritt in Wissenschaft und Technologie und halten menschlichen Fortschritt für identisch mit dem Fortschritt der Wissenschaft. Weil die Fortschritte der Wissenschaft vor allem innerhalb wissenschaftlicher Disziplinen von Bedeutung sind, müssen wir sie klar von menschlichem Fortschritt unterscheiden. Arnold Toynbee[7] sagte: „Unsere moderne Gesellschaft hat das Tempo von Adams ursprünglicher Sünde mit explosiver Energie erhöht. Das ist alles. Und wir haben uns nie von der Ursünde befreit." Wirklicher menschlicher Fortschritt würde uns von jenem Geist niedersten Bewusstseins befreien, der sagt: „Ich baue auf einen leichten Erfolg. Um ihn zu erlangen, muss ich andere bekämpfen."

---

[7] 1889–1975, britischer Kulturtheoretiker und bedeutender Universalhistoriker, Hauptwerk: *A Study of History* (dt. *Der Gang der Weltgeschichte)*.

Die eigene Meinung

Sawaki Roshi: Menschen sind nicht gleich. Unser Bewusstsein ist unser eigener individueller Besitz.

Jeder sieht die Welt nur aus seinem eigenen Loch und schleppt seine Meinungen und Gedanken mit sich durch die Welt. Darum gibt es soviel Ärger.

Uchiyama Roshi: Normalerweise halten wir uns für sehr wichtig. Für uns steht fest, dass unsere eigenen Gedanken der beste Maßstab aller Dinge sind, und wir beurteilen die Handlungen anderer und die Bedingungen um uns herum danach, ob sie gut oder böse sind. Wenn Dinge laut unserem Urteil nicht gut laufen, werden wir wütend, geraten in Aufruhr und haben danach unangenehme Gefühle. Wenn du in solchen Zeiten erkennst, dass die Welt nicht nur für dich existiert und dass deine Einschätzung der Dinge nicht allgemeingültig ist, wirst du freier atmen können und anderen keinen Ärger machen müssen.

Prinz Shotoku (574–622 A.D.) drückte das gelungen in der Verfassung der 17 Artikel aus. Er sagte: „Wenn du recht hast, haben andere unrecht; wenn andere recht haben, dann hast du unrecht. Du liegst nicht immer richtig; andere auch nicht. Wir sind alle nur gewöhnliche Menschen." Das heißt: Auch du bist eine gewöhnliche Person, nicht nur der andere.

Essen sammeln und Eier ausbrüten

Sawaki Roshi: Jeder taucht in sein eigenes Leben ein und lebt im blinden Glauben daran, dass da etwas Besonderes in seinen täglichen Verrichtungen sein müsse. Doch in Wirklichkeit unterscheidet sich ein menschliches Leben nicht von dem einer Schwalbe: Die Männchen sammeln Essen und die Frauen brüten Eier aus.

Uchiyama Roshi: Dies ist die Saison der Schwalben. Menschen, die in der Stadt und im Schatten großer Gebäude arbeiten, verpassen wohl das Brüten der Schwalben im Frühling. Es ist doch ein liebenswerter Anblick, sie während des Frühlings und frühen Sommers zu beobachten, nicht wahr?
  Manche Menschen leben einfach von Tag zu Tag und sehen ihr Leben nie als Ganzes. Kobo-Daishi[8] nannte sie *Ishoteiyoshin*, eine Herde umherstreunender Schafe.

Sawaki Roshi: Nur weil du eine Braut oder ein Bräutigam wirst, verstehst du nicht automatisch dein Leben. Es bleibt mysteriös. Auch wenn ein Narr eine Närrin heiratet, sagen die Leute: „Glückwunsch!"

Als ich in der Mandschurei weilte, sah ich, wie Menschen große Hunde nutzten, um ihre Wagen ziehen zu lassen. Sie fuhren im Wagen, während sie ein Stück Fleisch an einem Angelhaken vor die Nase der Hunde hielten. Die Hunde zogen die Wagen im Versuch, das Fleisch zu erhaschen. Wenn das Reiseziel erreicht war, wurde ihnen das Fleisch überlassen. Sie schlangen es auf einmal hinunter. Die meisten arbeitenden Blödmänner sind wie diese Hunde. Jeden Monat rennen sie ihren Lohnschecks hinterher, die vor ihren Augen hängen. Am Zahltag verschlingen sie sie. Dann rennen sie den nächsten Lohnschecks hinterher.

---

[8] 774-835, der Begründer der Shingon-Sekte.

Den Unterschied erwägen

Sawaki Roshi: Während des Zweiten Weltkrieges besuchte ich eine Kohlengrube in Kyushu. Wie die anderen Grubenarbeiter setzte ich einen Hut mit Kopflampe auf und fuhr mit dem Aufzug hinab. Eine Zeitlang dachte ich, der Aufzug würde gleichmäßig nach unten fahren. Dann hatte ich das Gefühl, es ginge hoch. Ich richtete mein Licht in den Kohlenschacht und bemerkte: „Oh! Es geht immer noch nach unten." Wenn der Aufzug nach unten zu fahren beginnt, spürt man das wirklich so, aber wenn die Geschwindigkeit einmal gleich bleibt, kann man sich fühlen, als führe er hinauf. Das ist die andere Seite des inneren Gleichgewichts. Während der Höhen und Tiefen unseres Lebens werden wir vom Unterschied im inneren Gleichgewicht getäuscht.

Zu sagen „Ich habe *Satori* erlangt!" heißt nur, den Unterschied im inneren Gleichgewicht zu fühlen. Zu sagen „Ich bin getäuscht!" bedeutet nur, einen anderen Unterschied im inneren Gleichgewicht zu fühlen. Zu sagen, dass etwas köstlich oder schrecklich schmecke und sich als reich oder arm anzusehen, all das sind nur Gefühle des Unterschieds im inneren Gleichgewicht.

In den meisten Fällen zeigt der gemeine Menschenverstand lediglich einen Unterschied im inneren Gleichgewicht.

Ein Mensch legt sein „Ich" in alles, ohne es zu kennen. „Oh, das war gut!", sagt er manchmal. Was ist gut? Es ist gut für *ihn,* das ist alles.

Der Grund, warum wir Menschen so oft aus der Puste sind liegt darin, dass wir Dinge aus persönlicher Profitsucht tun.

Uchiyama Roshi: Normalerweise sind wir dauernd mit der Frage des Glücks beschäftigt. Gibt es wirklich solche Dinge wie Glück und Pech? Nein! Es gibt nur unsere abschätzenden Maßstäbe. Nur wenn wir erwarten, Dinge für uns profitabel zu machen, können wir spüren, dass wir es nicht geschafft haben. Nur wenn wir mit anderen in Wettbewerb treten, ist es möglich, den Unterschied im inneren Gleichgewicht als Verlust zu empfinden.

Wahre Religion nimmt keine Rücksicht auf unsere abwägenden Maßstäbe oder auf das menschliche Bedürfnis, Dinge für uns profitabel zu machen. Wenn wir unsere gewöhnlichen Maßstäbe wegwerfen und eine Haltung annehmen, die es uns erlaubt, uns auf jener Seite des inneren Gleichgewichts einzurichten, auf die wir gerade fallen, dann wird genau da sich ein wahrhaft friedvolles Leben entwickeln. Zazen machen bedeutet: aufhören, eine gewöhnliche Person zu sein.

Mit einem niedergeschlagenen Gesicht

Sawaki Roshi: Wie langweilig, sich mit einem bedrückten Gesicht darüber zu beklagen, kein Geld zu haben, nichts zu essen zu haben und in Schulden zu stecken. Nur weil du glaubst, dass du das Leben genießen und dich stets gut fühlen solltest, meckerst du ungeduldig über deine Armut.

Du sagst, dass du nichts zu essen hast, obwohl du eigentlich gar nicht so hungrig bist. Aber das allein macht dich hungrig. Die Worte bereiten dir Alpdrücke. Alle Welt macht einen Tumult um Worte.

Auch Bettler lachen. Auch Millionäre weinen. Warum also die ganze Aufregung?

Uchiyama Roshi: Vor sieben oder acht Jahren besuchte uns ein dreißigjähriger Mann hier in Antaiji, der sich mit einem bedrückten Gesicht darüber beklagte, dass er nichts zu essen habe. Da wir gerade Reisbrei zum Abendessen hatten, lud ich ihn ein, gemeinsam mit uns zu essen, damit wir uns danach unterhalten konnten. Ich war überrascht, als er ablehnte: „Ich habe zwar nichts zu essen, aber so hungrig bin ich doch nicht."

Wir unterhielten uns nach dem Abendessen, und ich erfuhr, dass er mit seiner Frau und seiner Mutter zusammen wohnte und bei einer kleinen Firma angestellt war. Er bekam jeden Monat seinen Lohn ausgezahlt und war sicherlich nicht am Verhungern. Daher sagte ich: „Sag nicht, dass du nichts zu essen hast, wenn du noch nicht einmal Hunger hast. Sag lieber, dass du nicht genug Geld hast, um dir jeden Luxus zu leisten, denn du dir gerne leisten würdest!"

Schließlich verbrachte er ungefähr eine Woche mit uns, bis er schließlich wieder mit einem erleichterten Gesicht seines Weges zog und sagte: „Zuhause habe ich es dann doch besser als hier."

Offenbar kam ihm unser Leben hier im Tempel wirklich armselig vor. Deshalb hat es ihm gut getan. Solange du nicht wirklich am Verhungern bist, wird dein Leben sehr viel fröhlicher sein, wenn du nicht ständig ein niedergeschlagenes Gesicht machst.

Unser träges Leben

Sawaki Roshi: Eine seltsame Kreatur: der Mensch, der mit einem intelligenten Blick im Dunkeln herumtastet.

Menschen scheinen nur Langeweile vermeiden zu wollen.

Eine Menge Dinge in dieser Welt ziehen dich an. Aber wenn du sie tust oder bekommst, werden sie wertlos.

Es gibt Menschen, die *nie* ihren eigenen Weg zu leben finden.

Uchiyama Roshi: Wenn ich das Thema der Essenz deines Lebens anschneide, fühlst du dich vielleicht so, als würden dir alte, muffige Kleider gegeben. Aber wenn wir tief über die Essenz unseres eigenen Lebens nachdenken, werden wir erkennen, dass dies kein altes, muffiges Thema ist, sondern dass es um *unser* Leben geht, so wie wir es leben. Warum? Weil wir bloß mittels Trägheit aufstehen, mittels Trägheit frühstücken, mittels Trägheit unseren Bekanntschaften begegnen, mittels Trägheit fernsehen, mittels Trägheit Magazine lesen und mittels Trägheit zur Arbeit gehen. Wir verbringen unsere meiste Zeit so.

Wieso finden wir unser Leben überhaupt lebenswert? Wir rennen immer der einen oder anderen Sache nach, so dass wir uns dieser Frage nicht stellen müssen. Wenn wir *Mahjong* spielen, sehen wir den Sinn des Lebens im Gewinnen. Wenn wir in ein Kaufhaus gehen, sehen wir den Sinn des Lebens im Shoppen. Wenn wir uns keine Dinge leisten können, finden wir den Sinn des Lebens darin, es uns vorzustellen. Wenn wir Baseball oder Sumo-Ringen sehen, finden wir den Sinn des Lebens in der Hoffnung, dass unsere Favoriten gewinnen mögen. Solche Aktivitäten sind bloß Zerstreuungen. Wie glamourös die Zeiten auch sein mögen, in denen wir leben, wir sollten ernsthaft über den Sinn des Lebens nachsinnen.

Religion ist Leben

Sawaki Roshi: Deine Religion muss sich um die Frage drehen: Wie leben?

Eine Religion, die mit deiner Lebenseinstellung nichts zu tun hat, taugt nichts.

Uchiyama Roshi: Eins der Rätsel, die uns das gegenwärtige Japan aufgibt, ist die Tatsache, dass die Kinder täglich mit Sex & Crime im TV bombardiert werden und nackten Mädchen auf Postern auf der Straße begegnen – worüber sich anscheinend keiner irgendwelche Sorgen macht –, während in der Schule der Religionsunterricht verboten ist.

Vielleicht glauben die Leute heutzutage, dass Religion einen Aberglauben darstelle, oder Fanatikertum und Sektiererei. Und es ist ja auch tatsächlich so, dass wir die Kinder vor einseitigen Dogmen und radikalen Doktrinen schützen sollten. Insofern ist es verständlich, dass der Staat solchen Religionsunterricht nicht zulassen will.

Andererseits sollten wir aber verstehen, dass Religion sich um den wichtigsten Punkt in unserem Leben dreht. Wie wird eine Generation von Heranwachsenden ihr Leben leben, die nie etwas von Religion gehört hat, aber ständig mit Sex und Gewalt konfrontiert wird? Eine Gesellschaft wie diese erzieht die Kinder nur dazu, selbst gewalttätig und destruktiv zu werden.

Ich hoffe, dass in den Schulen Religion bald als die wichtigste Sache im Leben überhaupt gelehrt werden wird.

Sawaki Roshi: Religion bedeutet, das eigene Leben völlig frisch und neu zu leben, ohne sich von irgendetwas an der Leine herumführen zu lassen.

Religion taugt nichts, wenn sie in Begriffen erstarrt. Religion ist Leben, und Leben muss in Tätigkeit sein. Wer nicht mehr sagen kann als: „Ich nehme Zuflucht zum Lotussutra", der steckt in der Klemme. Leben muss sich nach links und rechts, oben und unten, in alle Richtungen frei bewegen können. Werde nicht zu einer Mumie, lass dich nicht austrocknen.

Geld

Sawaki Roshi: Wenn du kein Geld hast, bist du in Schwierigkeiten. Aber es ist gut zu wissen, dass es wichtigere Dinge als Geld gibt. Wenn du keine sexuellen Wünsche hast, ist etwas verkehrt. Doch es ist gut zu wissen, dass es wichtigere Dinge als sexuelle Wünsche gibt.

Uchiyama Roshi: Wenn ich superreich wäre, würde ich alles kaufen. Wenn ich viel Geld an die Nachbarn und Menschen um mich herum abgäbe, würden sie mich mit einem Lächeln grüßen. Ich könnte für immer in ihrem Lächeln leben. Wenn jemand in Schwierigkeiten ist, leidet er in den meisten Fällen an Geldknappheit. Ich würde ihm freigebig Geld schenken und seine Probleme lösen. Wenn ich krank wäre, würde ich in eines dieser Hospitäler gehen, die wie Luxushotels möbliert sind und verschiedene schöne, junge Krankenschwestern beschäftigen. Ich könnte Medizin bekommen, während meine Augen ein Fest feiern. Wenn ich alt wäre, könnte ich die Leute glauben lassen, ich sei eine freundliche und vertrauenswürdige Person. Ich könnte eine fabelhafte zweite Jugend genießen. Ich könnte als Friedensstifter arbeiten, indem ich sage: „He, ich kaufe den Vietnam-Krieg!" – und den Konflikt lösen, indem ich beiden Seiten eine fette Menge Geld gebe.

Auf Gebieten der Wirtschaft, Politik und Philosophie gibt es immer Meinungsverschiedenheiten. Auch wenn sie alle kompliziert zu sein scheinen, können die meisten Probleme mit Geld gelöst werden, wenn wir genug davon haben. Wenn du aber glaubst, jedes Problem sei mit Geld zu lösen, wirst du total davon abhängig. Leider kann das Problem des Selbst nicht mit Geld gelöst werden.

Einmal traf ich einen Mann, der großen Reichtum von seinen Eltern geerbt hatte, aber so in Sorge war, ihn wieder zu verlieren, dass er ganz neurotisch darüber wurde. Wir lesen, dass in Schweden viele Menschen aus Verzweiflung Selbstmord begehen, obwohl das Land die Lebenshaltungskosten für alle Bürger garantiert und keine wirtschaftlichen Probleme hat. Wenn die Menschen aber in sich selbst schauen, finden sie ihr Leben überhaupt nicht ausgeglichen.

Jeder ist nackt

Sawaki Roshi: In dieser vergänglichen Welt von Ort zu Ort zu wandern heißt, sich einen „Namen" machen zu wollen. Ein Mensch wird nackt geboren. Dann aber bekommt er einen Namen, wird registriert und mit Kleidung bedeckt, ein Nippel wird in seinen Mund gestopft und so weiter. Wenn er aufwächst, sagst du: „Er ist groß, stark, clever, reich." Du findest nur in Worten Trost. Tatsächlich ist jeder nackt.

Uchiyama Roshi: Rousseau sagte: „Selbst Herrscher, Adlige und bedeutende reiche Männer wurden nackt und arm geboren, und am Ende ihres Lebens starben sie nackt und arm." Das ist absolut wahr. Für eine kurze Zeit zwischen Geburt und Tod legen Menschen verschiedene und komplizierte Kleidung an. Einige trage schöne Kostüme, einige Fetzen, einige Gefängnisuniformen. Es gibt Kleider von Status und Klasse, von Freude und Zorn, Traurigkeit und Trost, Verwirrung und Erleuchtung. Wir halten diese Kleider unwissentlich für unser wahres Selbst und geben uns ganz dem Streben nach befriedigender Kleidung hin.

So lange wir leben, müssen wir irgendeine Art von Uniform tragen. Ich hoffe, wir vergessen nicht, dass unser wahres Selbst nackt ist, und wir erinnern uns dieses nackten Selbst, schauen einmal mehr auf unsere bekleideten Leben und bringen sie in Ordnung. Im Herz-Sutra heißt es: „Keine Geburt, kein Auslöschen, keine Beschmutzung, keine Reinheit." Das ist das wahre, nackte Selbst, das sogar die Kleider von Geburt, Tod, Erleuchtung und Verwirrung abgelegt hat.

Sawaki Roshi: Wenn eine Frau stirbt, macht es keinen Unterschied, ob sie schön oder hässlich ist. Ist das Skelett einer Schönheit dem einer hässlichen Frau überlegen? Das hat nichts mit Wahrheit zu tun.

Es gibt keine Reichen, keine Armen, kein Großen, keine Gewöhnlichen. Das sind bloß Worte, die uns ängstlich machen.

Vorausgesetzt, ich sterbe

Sawaki Roshi:

Ein Regenschauer
inmitten eines Streits
über Bewässerung.

Nach einer langen Trockenzeit kämpfen sie ums Wasser für die Reisfelder. Mitten im Kampf trifft sie ein Regenschauer. Weil der Kampf um die Bewässerung von der Voraussetzung trockenen Wetters abhängt, gibt es bei Regen kein Problem. Zwischen einer schönen und einer hässlichen Frau wird es keinen Unterschied geben, wenn sie achtzig Jahre alt werden. Das ursprüngliche Selbst ist leer und klar.

Uchiyama Roshi: Weil der Kampf um die Bewässerung von der Voraussetzung trockenen Wetters abhängt, gibt es bei Regen kein Problem. Mal schauen: Wenn ich nun ausgehe, besteht die Möglichkeit, dass mich ein Autounfall dahinrafft. Wenn mich ein Auto überführe und abservierte, wären meine Gedanken: „Ich will dies, ich will das", mein frustrierter Ärger: „Oh dieser Idiot!" oder mein Sehnen nach einer bestimmten Frau ganz spontan gelöst, wie ein Regenschauer mitten im Kampf um Bewässerung. Solange wir leben, werden wir Probleme haben, die auf der Annahme beruhen, dass wir weiterleben werden. Es ist aber genauso wichtig, auf diese Probleme zu schauen, als würden wir im nächsten Moment im Sarg liegen. Dann können wir leichter leben im Wissen, dass wir nicht in unseren eigenen Anschauungen stecken bleiben, unsere Zähne fletschen und unsere Augenbrauen runzeln müssen. In einem Satz bedeutet Zazen, auf diese Welt zu schauen, als ob du schon in deinem Grab wärst.

Sawaki Roshi: Stell dir vor, *nach* deinem Tod auf dein Leben zu schauen. Du wirst sehen, es hatte keine Bedeutung.

Geister und die Macht der Einbildung

Sawaki Roshi: Menschen fragen mich oft, ob Geister existieren. Jeder, der über solche Sachen nachdenkt, ist ein Geist.

Uchiyama Roshi: Sawaki Roshi drückte sich unzweideutig aus. So lange du nicht an Geister glaubst, gibt es keine, doch wenn du einmal darüber verwirrt bist, ob Geister existieren oder nicht, wirst du aufgrund deiner Verwirrung selbst zu einem Geist. Wenn jemand einem Spiritisten glaubt, der ihm erzählt, er sei von der Seele eines Ahnen verfolgt oder man könne die Seele eines Toten anrufen, um dessen Probleme zu lösen, dann wird er ängstlich, um sein Geld betrogen und um seinen Verstand gebracht. Jemand, der in solchen Dingen keine klare Einstellung vertritt, ist wirklich ein Geist. Ein Mensch, der leicht von der Macht der Einbildung beeinflusst wird, ist unzuverlässig. Wenn er krank wird und sein Zustand sich verschlimmert, wird er wirklich närrisch. Selbst wenn sein Körper sich von der Krankheit erholt hat, leidet er noch und denkt, der Doktor hätte ihn aufgegeben. Er kann seinen Verstand nicht zurückgewinnen, weil er glaubt, krank zu sein. Unter solchen Bedingungen kann er leicht von charismatischen religiösen Führern beeinflusst werden und nach einem Gebet, einer Rezitation oder dem Auflegen von Händen glauben, er sei geheilt. Jeder, der so einfach beeinflusst werden kann, ist ein Geist.

Sawaki Roshi: Die Menschen sagen oft, dass sie den Geist eines Toten gesehen oder von diesem und jenem geträumt hätten, als er starb. Das ist nur ein weiteres Detail in der weiten Landschaft des *samsara*.

In der Familie

Sawaki Roshi: Zu oft ist das Heim nichts anderes als ein Platz, an dem Mann und Frau, Eltern und Kinder, einander verderben und mit tödlichen Stricken binden.

Uchiyama Roshi: Ich halte mich nicht für qualifiziert, anderen Ratschläge zu geben, doch diese Welt ist ein seltsamer Ort. Ich sage das, weil es viele Menschen gibt, die zu mir kommen, um sich wegen ihrer Familienprobleme Rat zu holen. Sie öffnen mir ihre Herzen und erzählen mir von ihrem häuslichen Leben, manchmal reisen sie aus diesem Grunde sogar von weit her an. Weil dies ein Tempel ist, fühlen sie sich hier sicher und glauben, was sie hier sagen, würde nicht zu anderen vordringen. Ich hörte sie mir jahrelang an, jeden Einzelnen, und dabei oft die gleichen Geschichten. Menschen heiraten oft aus gegenseitiger sexueller Anziehung. Obwohl sie viele Jahre zusammenleben mögen, bemühen sie sich nie, eine Beziehung auf gegenseitigen Respekt zu gründen. Wenn sie Fünfzig werden und ihre sexuelle Leidenschaft nachlässt, behandeln sie sich wie Fremde oder hassen sich gar und teilen ein zwieträchtiges Heim. Sie wollen sich scheiden lassen, aber können es wegen des Geredes der anderen nicht oder wegen ihrer Kinder oder der wirtschaftlichen Situation.

Betrachte die Beziehung zwischen Eltern und Kindern. Egal, wie sehr sie sich hassen, sie sind „ähnliche Figuren", und wenn die Ecken ähnlicher Figuren in Kontakt kommen, kann es Ärger geben: leidenschaftliche Mutter und leidenschaftliche Tochter, sturer Vater und sturer Sohn, gierige Alte und gierige Junge, gefühllose Eltern und gefühllose Kinder. Es wäre schön, wenn sie bemerkten, dass sie Hörner haben, die in dieselbe Richtung zeigen und wenn sie miteinander sympathisieren würden. Wenn sie sich dauernd gegenseitig stoßen, ist der Ärger endlos. Um ein Heim zu schaffen, dass wirklich ein Ort der Ruhe ist, ein Ort der Bedachtsamkeit und Liebe, sollten wir unsere Gefühle und Meinungen gegenseitig respektieren, über uns nachdenken und uns anstrengen, in Harmonie mit anderen zu leben.

Mein Leben

Sawaki Roshi: Menschen scheinen nicht aufzuwachen, bis sie aufgerufen werden, miteinander um einen Preis zu konkurrieren. Es wäre nicht seltsam, ein Rennen zu bestreiten, wenn wir Sträuße wären; es wäre nicht seltsam, ein Wettschwimmen zu veranstalten, wenn wir Pelzrobben wären; es wäre nicht seltsam, nach einem Ball zu hüpfen, wenn wir Kätzchen wären.

Uchiyama Roshi: Zuschauersportarten sind nun beliebt. Manche Menschen schauen sich die ganze Zeit Spiele an und machen darum ein großes Tamtam. Sie haben kaum Zeit, über sich nachzusinnen. Ich mache mir über sie Gedanken. Wenn sie sagen, das sei nur Unterhaltung, stimme ich mit ihnen überein. Aber Unterhaltung muss, wie alles andere, aus der Perspektive eines ständigen Hinterfragens des inhaltlichen Wertes unseres Lebens überprüft werden.

Sawaki Roshi: Weil sie gelangweilt sind und um die Zeit totzuschlagen grübeln die Menschen immer herum, sie verlieben sich, trinken Wein, lesen Romane oder schauen sich Sportveranstaltungen an. Sie machen die Dinge stets beiläufig und leben von der Hand in den Mund. Für sie ist diese Welt *ukiyo* (fließende oder Übergangs-Welt). Sie ist der Ort, wo Menschen immer schwanken, schaufensterbummeln und Umwege machen.

Überall in der Welt fühlen sich Menschen gelangweilt, also ziehen sie in den Krieg und geben tödlichen Waffen – als wären es Kinderspielzeuge – Namen wie „Rechter Flügel" oder „Linker Flügel". Sie tun das, weil sie glauben, es würde was bringen. Doch da ist nichts. Nur das Grab wartet auf uns.

Menschen prahlen, dass sie die Krone der Schöpfung seien, doch in Wahrheit wissen Menschen nicht einmal, wie sie für sich selbst sorgen sollen und schauen Sport oder folgen anderen seichten Formen der Unterhaltung, um sich nicht selbst betrachten zu müssen. Dann rechtfertigen sie alles, indem sie sagen, sie seien eben wie alle anderen.

Wenn Kinder wegen etwas nörgeln, schelten die Eltern sie und erklären ihnen, sie seien unvernünftig. Diese Eltern sind ebenso unvernünftig. Das ist *mumyo*, ein Verkennen der wahren Natur der Existenz, eines der zwölf Glieder in der Kette des abhängigen Entstehens.

Was macht dich so sexy?

Sawaki Roshi: Die Frage ist: Worüber grübelst du eigentlich so angestrengt nach?

Wenn du nicht aufpasst, verbringst du noch dein ganzes Leben mit nichts anderem, als darauf zu warten, dass deine Normalbürger-Hoffnungen irgendwann einmal erfüllt werden!

Der Mensch ist ein Einfaltspinsel: Alles was er will, ist Geld, Gesundheit, eine Karriere und schöne Mädchen.

Wie du es auch wendest, in der Welt dreht sich alles ums Ficken und Fressen.

Ständig wirst du von deinem eigenen Leib und Geist an der Nase herumgeführt, und du merkst noch nicht einmal etwas davon.

Uchiyama Roshi: Neulich hörte ich zwei Damen sich darüber unterhalten, dass ein Mann ohne Geld „nur halb so sexy" sei. Schuld an solchem Gerede haben natürlich auch die Männer von heute, deren Sexappeal offensichtlich zur Hälfte aus Geld besteht. Die beiden Damen taten mir am Ende sogar fast Leid dafür, dass ihnen niemand zeigte, was einen wahren Mann ausmacht. Die Männer müssen schon das ihrige dazu tun, um nicht wie Schoß-Hündchen von ihren Frauen behandelt zu werden.

Dabei geht es nicht nur um die Beziehung zwischen Frauen und Männern. Das Problem ist ein grundsätzliches. Wenn wir uns fragen, woraus die andere Hälfte der Anziehungskraft der Männer heute besteht, ist die Antwort wohl: aus dem Penis. Das bedeutet, dass unser Leben aus nicht viel mehr als Geld und Sex besteht.

Doch sollten Frauen wie Männer nicht über mehr Anziehungskraft als bloß ihr Geld und ihre Geschlechtsorgane verfügen? Sollten wir nicht eher anziehend als Menschen selbst sein? Nur wenn du als Mensch über mehr als Geld und Sexappeal verfügst, wirst du dir eine Lebenseinstellung zueigen machen können, die dich auch in den Augen anderer zu einem wirklich interessant Menschen macht.

Sawaki Roshi: Du darfst nicht so hilflos sein, dass du anfängst zu sagen, ein Mensch brauche Geld, um zu leben. In dieser Welt kannst du auch ohne Ersparnisse ein prächtiges Leben führen.

Der Standpunkt der gewöhnlichen Person

Sawaki Roshi: In vergangenen Zeiten hatte die Himmelsrichtung eine Art mystischer Bedeutung.[9] Heutzutage wissen wir, dass die Erde sich um die Sonne dreht und jagen sogar Spielzeugballons (Satelliten) um die Erde, so dass wir nicht mehr herausfinden, welche Richtung welche ist. Ein Gedicht von Muso Soseki (1275–1351) lautet:

> Wenn du verwirrt bist, erscheinen
> die drei Welten[10] als Burg.
> Wenn du erleuchtet bist, ist das Universum *shunyata*[11].
> Ursprünglich gibt es weder Osten noch Westen.
> Wie kannst du nach Süden oder Norden zeigen?

Was das Gedicht sagt, ist wahr. Es gibt weder Glück verheißende noch Unheil bringende Richtungen. Du magst dich zwar über Richtungen einigen, doch denkst du immer noch, dass reich besser als arm ist. Kinder, die in einer reichen Familie aufwachsen, können sich jedoch kaltherzig gegenüber ihren Eltern verhalten oder untereinander um ihr Erbe kämpfen.

Menschen sagen oft: „Das ist wirklich" oder „Das ist wahr", doch was „wirklich" oder „wahr" ist, kann in Frage gestellt werden. Auf jeden Fall ist es nur wirklich vom Standpunkt einer gewöhnlichen Person aus.

Uchiyama Roshi: Heutzutage leben viele junge Menschen in Mietshäusern; sie sorgen sich um Richtung nicht so wie Menschen, die ihre eigenen Häuser gebaut haben. Moderne Großstädter denken an Richtung im Sinne von hoch und runter auf der sozialen Leiter. In jedem Fall hängt Richtung nur vom individuellen Standpunkt des Betrachters ab. In einem unbegrenzten Universum ist dieser Standpunkt nicht von Bedeutung. Wenn du denkst, reich sei gut und arm sei schlecht, eine hohe Position großartig und Schönheit wundervoll, dann hast du eine be-

---

[9] Richtung weist hier auf einen alten Glauben hin, der z. B. den geeigneten Platz für einen Hausbau und die „Ausrichtung" eines Hauses unter Berücksichtigung der Umgebung bestimmt.
[10] Die drei Welten sind die Welten des Begehrens, der Form und der Formlosigkeit.
[11] Leerheit, d. h. alle Phänomene sind relativ und hängen von anderen Phänomenen ab.

grenzte Sicht. Es ist die Sicht eines gewöhnlichen Menschen. Wenn du denkst, die Verwirrung einer gewöhnlichen Person sei schlecht und die Erleuchtung des Buddha gut, schaust du nur von deinem besonderen Standpunkt aus. Zazen heißt aufhören, von *irgendeinem* Standpunkt aus zu betrachten. Darum heißt es im *Herz-Sutra*: „Ungeboren, unausgelöscht. Keine Beschmutzung, keine Reinheit. Kein Wachsen, kein Vergehen."

Zazen lieber als Geld

Sawaki Roshi: Seit kurzem betreiben Priester Gästehäuser in ihren Tempeln. Die Menschen sind schon witzig. Einige von ihnen denken an nichts anderes als ans Essen und Geldverdienen.

Uchiyama Roshi: Wenn du ein Bild des Buddha *als* Buddha, der Erwachte, wertschätzt, wird es zum Buddha für dich. Wenn du um die Statue kämpfst oder sie verkaufst, wird sie nur zu einem Objekt der Gier.

Der Tempel, wo ich jetzt lebe, hat keine Sponsoren und kein Einkommen. Über zehn Jahre lang habe ich mein Einkommen aus Betteln bestritten. Manchmal schlägt mir jemand aus Freundlichkeit vor, ich solle doch von den 6500 Quadratmetern des Antaiji welche für Parkplätze vermieten oder Apartments bauen oder Zimmer an Studenten vermieten und so Geld einnehmen. Meine Reaktion darauf ist, dass ich nicht wüsste, was ich mit dem Geld anfangen sollte. Antaiji ist ein Zen-Tempel. Wenn das Dach leckt und ich es nicht reparieren kann, sollte ich mit Zazen an einer Stelle fortfahren, wo das Wasser nicht hereintropft. Wenn das Gebäude mangels Reparaturen verfällt, ich jedoch mit Zazen fortfahre, würde Antaiji „Buddha werden" (friedvoll sterben). So lange ich es reparieren kann, tue ich es. Wenn nicht, fahre ich einfach mit Zazen fort. Sawaki Roshi stimmte mit meiner Ansicht zu diesem Punkt überein und sagte: „Zu meiner und deiner Zeit ist Antaiji *antai* (in Frieden)." Mein tiefster Wunsch ist, dass immer irgendjemand hier mit Zazen fortfährt und Antaiji so belässt, wie es ist: ein armer Tempel, nicht nur jetzt, sondern für immer.

Wie äußerst erquicklich wäre es, eine kleine Ecke in dieser Welt zu finden, wo Geld nicht über alles andere geschätzt wird. Doch wenn ich betteln gehe, geben mir die Menschen in Kioto Almosen und retten mich vorm Verhungern. Das achte ich.

Sich wie ein König fühlen

Sawaki Roshi: Hör auf zu flennen! Aus Furcht denkst du, du seist wertlos und andere wären bedeutsam; du heulst und sorgst dich um kleine Dinge, und wenn es einmal gut läuft, flippst du vor Freude aus.

Uchiyama Roshi: Du bist nie hungrig, obwohl du nie ein einziges Reiskorn herstellst. Du lebst in einem Haus, das vor Unwetter schützt, obwohl du keinen Baum fällen und in Bretter zersägen kannst. Du trägst feine Kleidung, obwohl du nicht weißt, wie man Baumwolle zu Fäden spinnt. Du machst Licht, indem du einen Knopf drückst und Wasser, indem du einen Hahn drehst. Wenn du deinen gegenwärtigen Lebensstil mit dem eines Königs in ägyptischen Zeiten vergleichst, würdest du sehen, dass du wie einer lebst, der einen Haufen Sklaven hat. Wenn du einen Ventilator benutzt, stell dir vor, wie dir eine schöne Sklavin Wind zufächert. Wenn du fernsiehst, stell dir vor, dass alle Unterhaltungskünstler des Landes sich versammelt haben, um dich, den König, zu amüsieren. Es macht Spaß, sich über sie zu erheben und zu sagen: „Ihr seid nicht gut. Wer kann mich mehr amüsieren?" – und den Kanal zu wechseln.

Bitte hör auf, dich ständig unterlegen zu fühlen und dich mit anderen zu vergleichen. Stattdessen sinne über dich nach und überlege, ob du ein Recht hast, so komfortabel zu leben. Wie hast du es geschafft, in solch angenehmen Umständen zu leben? Ohne Kosten besitzt du das Wissen und die Reichtümer, die von den Menschen seit ihrem Erscheinen auf der Welt angesammelt wurden.

Meine Meinung

Sawaki Roshi: Jeder liest die Rubriken einer Zeitung in verschiedener Reihenfolge. Einer liest zuerst die Börsenmeldungen, ein anderer die Sportnachrichten, den Fortsetzungsroman, die politische Kolumne. Wir sind verschieden, weil wir die Dinge durch unser eigenes individuelles, unterscheidendes Bewusstsein sehen. Die Dinge mit menschlichen Gedanken begreifend, verhalten wir uns alle verschieden. Wir können die tatsächliche Welt, die allen gemeinsam ist, nicht erkennen, wenn wir nicht aufhören zu unterscheiden.

Uchiyama Roshi: Eines Tage hörte ich in Kioto: „Wir sind die Vertreter von dieser und jener Partei. Lasst uns protestieren." Es wurde über einen Lautsprecher verkündet, doch ich konnte nicht genau verstehen, wogegen sie vorgingen. Ich konnte sie nur sagen hören: „Lasst uns protestieren! Lasst uns protestieren!"

Ein Stein ist nur ein Stein. Das besagt nichts. Nicht nur Steine, alle Dinge sind nur sie selbst, genau so, wie sie sind. Alle Objekte stehen jenseits von Bewertung, doch wir beurteilen und loben sie und geben ihnen einen festen Wert. Folgerichtig erhebt sich eine Stimme, die sagt: „Lasst uns protestieren!" Wenn es nur eine Stimme bleibt, bedeutet das nicht viel. Wenn diese Stimme einen Krieg auslöst – was heutzutage eine ernste Bedrohung für die ganze Welt sein kann –, ist das ein großes Problem.

Wir können nicht aufhören zu sehen und zu denken, denn wir haben Augen und Hirn. Doch sollten wir verstehen, dass die Welt, die wir sehen und die Dinge, die wir denken, nur Filme in unseren Köpfen sind. Wir müssen vorsichtig sein, nicht ernsthafte Probleme auszulösen, indem wir uns von unseren Gedanken herumtreiben lassen. Zazen ist die Haltung, die uns erlaubt, die Illusion unseres denkenden Selbst zu durchschauen.

Sawaki Roshi: Menschen sagen oft: „Meiner Meinung nach ..." Jedenfalls ist „meine Meinung" nicht gut – – also haltet eure Klappe!

Wissenschaft und Menschen

Sawaki Roshi: Wissenschaftlicher Fortschritt ist möglich, weil Wissenschaftler ihre Arbeit auf den Informationen aufbauen, die andere Wissenschaftler gesammelt haben und deren Ergebnisse weiterentwickeln. Die Menschen haben aber niemals Größe erlangt, weil sie von anderen nichts von wirklichem Wert empfangen können. Menschen sind wie unreife Kinder, die mit tödlichen Waffen spielen. Das ist sehr gefährlich.

Uchiyama Roshi: Einige Menschen denken, dass in der Zukunft wissenschaftlicher Fortschritt jeden Menschen reich, jedes Problem lösen und uns alle glücklich machen wird. Wenn ich jemanden auf diese Art sprechen höre, denke ich, dass er einfach gestrickt ist. Es ist als führe er in einem Zug und dächte an das Erste-Klasse-Abteil, das eine Klimaanlage hat und sehr bequem ist, während er selbst in einer Sommernacht schweißbedeckt im überfüllten Gang der zweiten Klasse steht.

Wenn Wissenschaft und Technik sich weiterentwickeln, werden einige der großen Probleme der Gegenwart gelöst. Als ich jung war, starb meine Frau an Tuberkulose. Hätte ich die Medizin, die heute erhältlich ist, damals bekommen, hätte ich sie nicht verloren. Ich schätze wissenschaftlichen Fortschritt sehr. Doch es ist Nonsens zu glauben, dass alle Probleme dieses Lebens durch wissenschaftlichen Fortschritt gelöst werden könnten. Wissenschaft ist der Besitz der Menschheit. Menschheit ist ein abstraktes Konzept von biologischer Art. Menschheit existierte vor zehntausend Jahren und wird in zehntausend Jahren noch existieren. Dennoch hat ein jeder von uns ein vorübergehendes Leben von nur siebzig oder achtzig Jahren. In den siebzig oder achtzig Jahren, die uns gegeben sind, entsteht ein wirklich ernsthaftes Problem, wenn wir nicht lernen, wie wir unser Leben handhaben sollten.

Es ist nicht schlecht, von der Zukunft der Wissenschaft zu träumen, doch es ist wichtiger, das ganze Bild unseres kurzen Lebens zu sehen und einen Platz zu finden, wo wir zur Ruhe kommen.[12]

---

[12] In Dogen Zenjis *Gakudoyojinshu* heißt es: „Der Weg liegt unter den Füßen jedes Menschen" – darum ist der Platz, wo wir zur Ruhe kommen, nicht irgendwo anders, sondern genau hier.

Zu verlieren

Sawaki Roshi: Buddhismus studieren heißt *Verlust* studieren. Shakyamuni Buddha ist ein gutes Beispiel. Er verließ sein Königreich, seine schöne Frau, sein liebenswertes Kind, seine teure Kleidung und wurde zum barfüßigen Bettelmönch in schäbiger Robe. Alle Buddhas und Vorfahren erleiden den Verlust mit Absicht.

Es ist ein großer Fehler, wenn ein buddhistischer Priester in der Welt aufsteigen will. Wir Mönche sind alle von Kopf bis Fuß Bettler.

Uchiyama Roshi: Für gewöhnliche Menschen sind Verlust und Gewinn am leichtesten zu verstehen – unsere Annahme ist, dass Gewinn besser als Verlust sei. Shakyamuni Buddha war eine recht ungewöhnliche Person. Er ging den Weg des Verlustes, ohne je die Möglichkeit persönlichen Gewinns zu bedenken. Warum tat er das? Weil alle bedingten Umstände flüchtig sind und die Vorstellungen der Menschen über Verlust und Gewinn sich ständig ändern. Darum gab Shakyamuni Buddha das Leben des Verlustes und Gewinnes auf und ging den Weg jenseits von Verlust und Gewinn. Er tat das absichtlich, um uns den rechten Weg zu zeigen, weil wir gewöhnlichen Menschen ständig von Gewinn ohne Verlust träumen.

Der Weg jenseits von Verlust und Gewinn ist das Leben des gefestigten Selbst, das vor der Spaltung in Subjekt und Objekt existiert; es ist jenseits von Gewinn und Verlust, glücklich und unglücklich, reich und arm, überlegen und unterlegen. Ob du reich oder arm, krank oder gesund bist, in welchen Umständen auch immer, nur wenn du sie bedingungslos annimmst und das Selbst lebst, das fest im Selbst gründet, kannst du die vollkommene Stabilität des religiösen Lebens manifestieren.

Sawaki Roshi: Alle fühlenden Wesen sind verwirrt. Sie halten, ihre unglücklichen Beziehungen für Glück und ihre glücklichen Affären für Unglück und treten und schreien ständig herum. Wenn du einem heulenden Kind ein Stück Zucker gibst, grinst es dich mit Augen voller Tränen an. Das Glück, von dem fühlende Wesen reden, ist kein bisschen besser.

Zazen des halben Weges

Sawaki Roshi: Es gibt ein Buch mit dem Titel *Zen und die Kultivierung deines Hara*. Dieses *Hara* ist nichts als Gefühllosigkeit.

Zen tenma[13] bedeutet, dass eine gewöhnliche Person *Satori* erlangt. Kurz: Ein Mensch wird groß.

Eine gewöhnliche Person groß zu machen ist nicht das Ziel von Buddhas Lehre.

Menschen sagen, dass du *hara* durch Zazen kultivieren kannst. Dieses *hara* ist wertlos; dies zu wissen ist wirkliches *hara* und wahre Festigkeit.

Uchiyama Roshi: Manche Menschen halten für gesichert, dass das Ziel der Zen-Übung sei, *Satori* zu erlangen und mutig zu werden. Andere glauben, Zen sei *tenma*, der Teufel. Doch das Zazen, das von Shakyamuni Buddha, Bodhidharma, Dogen Zenji und Sawaki Roshi übermittelt wurde, ist wahre Religion und lehrt uns den letztgültigen Weg des Lebens. Wahres Zazen ist nichts, was die unausgegorenen Wünsche eines gewöhnlichen Menschen befriedigt wie das Bedürfnis, eine Krankheit zu heilen, Geld zu verdienen oder im Leben erfolgreich zu sein. Das Zazen, das dir *Satori* verleiht und dich mutig macht, so dass du in der Lage bist, den Geldeintreiber mit einem Schrei einzuschüchtern, ist ebenfalls unausgegoren. Jede Lehre, die verspricht, eine gewöhnliche Person groß zu machen, ist *tenma*.

Das Zazen, das Sawaki Roshi lehrte, ist keine Übung, durch die eine gewöhnliche Person groß wird. Vom Standpunkt unserer kleinen Gemüter beurteilt ist das Zazen, das er lehrte, nutzlos, doch in Wirklichkeit ist es die Übung der wahren Religion. Er lehrte Zazen als Festigkeit im Leben, als den letztgültigen Ausdruck des Buddha-Dharma jenseits von Subjekt und Objekt, Geburt und Tod, Verwirrung und Erleuchtung.

---

[13] *Zen tenma* steht kurz für „Zen ist das Handeln des Teufels", eine der Phrasen von Nichiren, mit denen er andere buddhistische Schulen in Japan kritisierte, als er seine eigene Sekte gründete.

Sehen aufgrund des eigenen Karmas

Sawaki Roshi: Wenn wir über den Mond reden, sagen wir manchmal, er sähe glücklich aus, manchmal meinen wir, er sei traurig; manchmal vergnügen wir uns, Sake trinkend, an seinem Anblick. Jeder Mond, der von einem Menschen gesehen wird, beruht auf seinem Karma, und keiner davon ist wirklich.

Uchiyama Roshi: Dass der Mond auf unserem Karma beruht bedeutet, dass die Art, wie wir den Mond sehen, durch unsere früheren Handlungen bedingt ist.

Es gibt Wissenschaftler und Techniker, die nur mit ihren unvollständigen, bedingten Sichtweisen auf den Mond schauen und denken: „Wie können wir eine sanfte Landung auf dem Mond mit einer Rakete schaffen, die einen Menschen trägt?" Es gibt Geologen, die mit ihrer bedingten Sicht auf den Mond schauen und sagen: „Welche Arten von Steinen gibt es da?" Der Mond sieht für den Menschen glücklich aus, der seine Erwartungen erfüllt sieht, und traurig für den, der die Hoffnung verloren hat. Für einen Trinker sieht er aus wie eine Dreingabe zum Sake.

Manche Menschen missverstehen Buddhismus als eine Lehre der Resignation und denken: „Ich kann es nicht ändern ... Das ist mein Karma ..." Buddhismus ist nicht so. Buddhismus ist die Lehre, die jemandes starre Sichtweise aufweicht, die Illusionen des karmischen Selbst auflöst und einem erlaubt, das Leben zu sehen *wie es ist*.

Sawaki Roshi: Go-kan, Sehen aufgrund des eigenen Karmas, ist das Auftauchen der guten und schlechten Taten der Vergangenheit in der Gegenwart. Eine alte Witwe zum Beispiel, die ihr ganzes Leben von Sex besessen war, könnte immer noch von Sex besessen und eifersüchtig auf junge Paare sein.

Gewöhnliche Menschen werden von ihrem Karma geschoben und gezogen und sehen die Welt nur durch dessen Linsen. Solche Menschen machen sich gegenseitig Leben für Leben und Welt für Welt schwer. Das ist *samsara*. Wenn du die Gläser abnimmst, kannst du sehen, was Shakyamuni sagte, als er Erleuchtung erlangte: „Ich, diese Welt und alle fühlenden Wesen erreichen den Weg zur gleichen Zeit, und Berge und Flüsse, Gräser, Bäume und alle Dinge werden Buddha."

Das Selbst abtreiben

Sawaki Roshi: Zazen ist, wie in deiner Mutter Schoß zurückzukehren. Also ist es keine Aufgabe.

Uchiyama Roshi: Ein Junge wurde wegen seiner schlechten Freunde kriminell. Er bat seine Mutter oft um Geld und verschwendete frivol seine Zeit. Eines Tages traf er seine Mutter auf der Straße und forderte von ihr Geld. Unfähig, sich länger zurückzuhalten, schimpfte die Mutter: „Denkst du, ich hätte Geld für dich? Du bist alt genug, unabhängig zu sein, doch du hast keine Arbeit und machst mir eine Menge Sorgen." Er antwortete: „Ich habe dich nicht gebeten, mich in die Welt zu setzen. Warum hast du mich geboren?" Die meisten Eltern können diese Frage nicht beantworten. Als ich in den Zwanzigern war und meine Eltern mich für dies und das schalten, sagte ich auch: „Warum habt ihr mich gezeugt?", und das brachte sie sofort zum Schweigen. Doch die Mütter der Nachkriegsgeneration sind in der Tat gerissen. Jene Mutter sagte: „Oh, das ist zu schade. Du bist so groß geworden, dass ich dich nicht in meinen Schoß zurückstopfen kann. Werde wieder klein und geh in meinen Leib zurück. Wenn du das tun kannst, werde ich gern eine Abtreibung machen."

Immer wenn ich so eine interessante Geschichte hörte, erzählte ich sie Sawaki Roshi, während ich ihm Tee bereitete. Ich denke, wenn er diese Geschichte gehört hätte, hätte er gesagt: „Zazen ist die Haltung, in der wir vor der Geburt abgetrieben werden."

Um zu essen

Sawaki Roshi: Schwachköpfe glauben, dass jemand, der im Luxus lebt, großartig sein muss. Ich wundere mich, dass Menschen die Reichen beneiden.

Uchiyama Roshi: Einmal hörte ich zufällig eine Unterhaltung zwischen zwei Hausfrauen. Die erste war mit einem durchschnittlich verdienenden Arbeiter verheiratet, der wohl fünfzig- bis sechzigtausend Yen im Monat verdiente. Die zweite sagte stolz: „In meiner Familie brauchen wir mindestens zweihunderttausend Yen im Monat. Neulich haben wir unserem Sohn ein neues Auto gekauft." Obwohl die erste Frau sich das neidvoll und ehrfürchtig anhörte, würde sich ihre Gesprächspartnerin sicher selbst nervös und klein fühlen, wenn sie in Gesellschaft einer sehr reichen Frau der High Society wäre. Ein sechzigtausend Yen-Einkommen ist nicht klein, ein zweihunderttausend Yen-Einkommen nicht groß, doch einfach gestrickte Menschen scheinen zu glauben, dass das Einkommen eines Menschen seinen Wert als Mensch anzeige.

Betrachtet den Fall einer Frau, deren Ehemann der üblichen Schinderei müde wird und sagt, wenn er die Altersgrenze erreiche und in Rente gehe, wolle er seine Zeit in Zazen verbringen. Ich bin sicher, sie würde entgegnen: „Was ist mit unserem gemeinsamen Leben? Denkst du wirklich, du wirst genug Zeit für Zazen haben?" Sie würde ihn am Kragen packen, ihn hochziehen und die Peitsche auspacken. Wenn er dann seinen todmüden Körper noch einmal unter höchster Willensanstrengung erheben und einmal mehr mit der „Unterstützung" seiner Frau durch die Welt von Verlust und Gewinn keuchen müsste, würde er ein so bedauernswertes Bild abgeben, dass eine furchtsame Person wie ich ihm nicht in die Augen sehen könnte.

Sawaki Roshi: Menschen machen ein Mordsgezeter um das Verdienen ihres Lebensunterhalts.

Menschen sagen oft, dass sie beschäftigt seien. Mit was? Sie sind nur damit beschäftigt, ihren Lebensunterhalt zu verdienen. Auch Hühner beschäftigen sich mit Essen, doch sie essen nur, um wiederum von Menschen gegessen zu werden.

Schlechte Himmelswesen

Sawaki Roshi: Die meisten Menschen können ihr Leben nicht mittels eigener Kraft bestreiten, aber ihr soziales System ernährt sie. Jemand, der seinen Lebensunterhalt mit seinem Titel oder seiner Position verdient, ist der schwächste Mensch von allen.

Uchiyama Roshi: Es ist interessant, das buddhistische Konzept „himmlisches Wesen" zu betrachten. Einer, der auf den Wolken des Himmels thront und dort bequem lebt, obwohl er ohne wirkliche Macht ist, ist ein himmlisches Wesen. Eine Menge von uns sind himmlische Wesen, die in dem Paradies leben, das als menschliche Zivilisation bekannt ist. Und doch beschweren wir uns über unser Leben. Unglücklicherweise verhungerten wir aber, wenn wir von Mutter Natur nackt und allein in die Welt hinausgeworfen würden.

Wenn der Präsident eines Unternehmens, das einige große Gebäude errichtet hat, denkt, er habe sie selbst gebaut, macht er einen groben Fehler. Er war nur zufällig an der Spitze eines Unternehmens, das mit aller Macht Kräfte band, um die Gebäude fertigzustellen. Er hätte nicht eine einzige verstärkte Eisenstange selbst herstellen können. Moderne Menschen spielen nur Tauziehen miteinander und wetteifern um illusorische Macht in den Wolken ihres sozialen Systems. Auch wenn das System solide wirkt, ist es tatsächlich vergänglich wie Wolken. Hitler lebte einst auf der riesigen Wolke des Faschismus, doch am Ende war er allein. Nur wenn diese Wolken, die als soziales System bekannt sind, auf einmal verschwinden, bemerken himmlische Wesen plötzlich ihre Machtlosigkeit und fallen sogleich zu Boden.

In einem *Noh*-Lied heißt es: „Himmlische Wesen bejammern die fünf Anzeichen des Verfalls."[14] Was für ein trauriger Anblick, wenn ihre Roben schmutzig und zerschlissen werden. Je höher sie im Himmel waren, desto mehr leiden sie, wenn sie zu Boden fallen.

---

[14] Die fünf Zeichen des Verfalls himmlischer Wesen: Im *Abhidharma Kosa (Abidatsuma Kusha)*, Faszikel 10, werden zwei Arten der fünf Zeichen genannt. Die erste ist so gekennzeichnet: Ihre Roben werden schmutzig, ihre Haarblumen verwelken, ihre Körper riechen schlecht, sie schwitzen unter den Armen und sie genießen ihren ursprünglichen Zustand nicht mehr.

Sawaki Roshi: Es ist ein Fehler, einen Platz zu erklimmen, von dem du früher oder später herunterfallen kannst. „Kein Fallen" ist das Leben eines Mönchs oder einer Nonne, eines Menschen, der sein Zuhause verlassen hat.

Nur wenn wir üben

Sawaki Roshi: Religion ist nichts, um die Welt da draußen neu zu schaffen. Sie ist dazu da, deine Augen, deine Ohren und deinen Standpunkt neu zu schaffen.

Uchiyama Roshi: Es gab einen Mann mit einer interessanten Angewohnheit. Er liebte es, in betrunkenem Zustand Sawaki Roshi aufzusuchen und über Zazen zu reden. Ich wusste das nicht, als er das erste Mal nach Antaiji kam, und führte ihn in Sawaki Roshis Zimmer. Natürlich verlor er den Faden der Unterhaltung und brabbelte nur in seine Tasse hinein. Weil er betrunken war hatte ich es sehr schwer, ihn zu überzeugen nach Hause zu gehen.

Als er wiederkam und Sawaki Roshi zu sehen bat, erinnerte ich mich an die Geschehnisse vom letzten Mal und bemerkte an seinem Atem, dass er wieder unter dem Einfluss von Sake stand, darum empfing ich ihn selbst. Als er anfing, Zazen als dies und das zu bezeichnen, forderte ich von ihm, nüchtern zu sein, wenn er über Zazen reden wolle. Wenn du Zazen übst, erscheint die Welt von Zazen ohne jede Erklärung vor dir. Doch wenn du betrunken bist, stammt alles, was du sagst, nur aus der Welt des Reisschnapses. Es ist nur betrunkene Unterhaltung.

Sawaki Roshi: Goemon Ishikawa (sein Familienname bedeutet „Steinfluss") sagte poetisch: „Selbst wenn der Sand der Küste Ishikawas verschwindet, wird doch der Samen des Diebes nie erschöpft sein." Das heißt, unser Universum ist mit Diebesnatur angefüllt. Du wirst kein Dieb, solange du nicht Goemons Beispiel nachäffst. Dasselbe gilt für die Buddha-Natur. Diese Welt ist mit Buddha-Natur angefüllt, doch du wirst kein Buddha, wenn du seinem Beispiel nicht folgst. Du bist nur dann Buddha, wenn du Buddha praktizierst.

Religion ist kein Konzept, sondern eine Übung.

Die Übung der Religion ist etwas Reales. Sie ist nicht wie eine Anzeige für eine patentierte Medizin, die deren guten Wirkungen übertreibt.

Die Stabilität eines vollständigen Lebens

Sawaki Roshi: Wir üben kein Zazen, um erleuchtet zu werden; wir üben Zazen, um von Erleuchtung in jede mögliche Richtung gezogen zu werden.

Uchiyama Roshi: Sich zu verlieben ist Ekstase, doch die Ehe ist Alltag. Der Alltag kennt verregnete Tage, windige Tage und stürmische Tage. Du kannst also nicht immer glücklich sein. Das gleiche gilt für Zazen. In Japan werden zwei Arten von Zazen übermittelt. Eine versteht Zazen als Ekstase, die andere als Alltag.

Ein Grundkonzept im Buddhismus lautet, dass Subjekt und Objekt eins sind. Die Bedeutung dieses Konzeptes hängt davon ab, ob du das *Samadhi* des Einsseins als eine psychologische Bedingung der Ekstase ansiehst, die mystisch die Grenzen des „Alltagsbewusstseins" überschreitet oder ob du dieses Einssein tatsächlich in deinem täglichen Leben praktizierst. Die Anhänger der ersten Sichtweise drücken das *Samadhi* des Einsseins oft durch Kunst und Literatur aus. Dem empfänglichen Betrachter oder Leser wird ein Blick auf die Ekstase gestattet. Das Zen, das D. T. Suzuki und andere Schreiber der Welt präsentierten, ist von dieser Sorte. Das Zazen, das von Dogen Zenji bis zu Sawaki Roshi weitergegeben wurde, ist das tatsächliche Fundament religiösen Lebens. Es ist die Übung andauernder Aufmerksamkeit mitten in der Verwirrung, ohne an Verwirrung oder Erleuchtung anzuhängen. Wie Shinran sagte: „Obwohl ich überhaupt nicht weiß, ob ich durch *nenbutsu*[15] in die Hölle oder in den Himmel komme, tue ich es einfach." Dies ist das Zazen, bei dem du nicht darüber nachdenken musst, ob du in den Himmel kommst oder erleuchtet wirst. Religiöse Übung ist keine Show und nicht bloß eine Form intellektueller Wertschätzung. Es ist das Selbst, das leidenschaftlich das Selbst zum Selbst macht. Im Leben gibt es verregnete, windige und stürmische Tage, doch was auch passiert, lass dich nieder zum Zazen!

Sawaki Roshi: Das Leben, in dem du von Zazen wütend angestarrt, gescholten, behindert, gezogen wirst und nur mit Tränen in den Augen vorankommst, ist das glücklichste Leben, nicht wahr?

---

[15] Die Anrufung von Buddhas Namen in der Amida-Schule *(Namu Amida Butsu)*.

Allzu selbstbewusst sein

Sawaki Roshi: Erwachsene können wegen eines einzigen Wortes ein Riesentamtam machen, weil sie verdreht sind. Babys kümmern sich nicht. Wenn du versuchst, ein Baby zu beschämen, kannst du es nicht. Nur ein Erwachsener kann beschämt oder wütend gemacht werden, weil er andere konfrontiert und von sich selbst hypnotisiert ist. Das mach dir besser mal klar.

Uchiyama Roshi: Auf den ersten Blick schien Sawaki Roshi immer das „große Bild" zu sehen und von kleinen Dingen nicht berührt zu werden. Auf der anderen Seite war er eine fürsorgliche Person, sein Leben war tadellos. Ich handle immer unvorsichtig, wobei ich krankhaft nervös und wegen allem ängstlich bin. Inmitten einer feierlichen Zeremonie bin ich mir besonders meiner selbst bewusst und so verwirrt, dass ich große Unordnung veranstalte. Danach fühle ich mich beschämt und voller Reue. Doch seit meiner Kindheit bin ich so empfindsam, dass ich mich – in einem Akt der Selbstverteidigung – in der Stabilität des „Was immer passiert, ich bin ich" niederließ. So lange, wie ich daran denke, mein Selbstbild zu erhalten und Scham zu vermeiden, kann ich nicht zur Ruhe kommen. Schüchtern ist schüchtern. Unvorsichtig ist unvorsichtig. Da ist nichts zu machen. Die Stabilität des „Was immer passiert, ich bin ich" ist Zazen als Religion. Selbst wenn wir nicht gewandt und elegant werden wie ein Experte im *Kendo* oder ein Meister des *Noh* oder der Teezeremonie, macht das nichts, oder? Selbst wenn wir wie ein Baby torkeln oder wie ein alter Mann auf dem Lebensweg schleichen – solange wir Zazen üben, ist es okay.

Sawaki Roshi: Zu wissen, dass es nicht möglich ist, beim Buddhawerden zu versagen, ist *issaichi* (die Weisheit, die die ganze Welt der Phänomene versteht). Der Nachtzug trägt dich weiter, selbst wenn du schläfst.

Ein heiliger Mann

Sawaki Roshi: Einer sagte mal: „Wenn ich deine Vorträge höre, kühlt sich mein Glaube ab." Ich versuche den Glauben der Menschen absichtlich abzukühlen, weil diese Art von Glauben nur Aberglaube ist. Ein anderer sagte einmal: „Obwohl ich deine Reden höre, kann ich keinen Glauben an das entwickeln, was du sagst." Das heißt, er war nicht vom Aberglauben unterjocht.

Uchiyama Roshi: Ab und zu lassen Menschen Hunde und Katzen in unserem Tempel zurück. Wir können sie nicht hier behalten und sind gezwungen, sie woanders hinzuschicken. Diese verlassenen Tiere wedeln mit ihren Schwänzen und kuscheln sich an uns, als ob sie uns verführen wollten sie zu behalten. Das ist ein bedauernswerter Anblick. Sie sind so abhängig. Wenn ein Hund einen Besitzer hat und zu einem Spaziergang mitgenommen wird und anderen Hunden begegnet, will er mit ihnen kämpfen. Er wendet sich auch gegen Menschen. Wenn sein Besitzer wütend wird und ihn schlägt, wehrt er sich überhaupt nicht.

Auf die gleiche Art, mit der ein Hund nach einem Herrchen sucht, schauen viele Menschen sich nach einem heiligen Mann um, den sie anbeten können. Solange eine Nachfrage existiert, wird man sie befriedigen. So werden ehrwürdige Priester und heilige Gurus geschaffen. Doch leider nehmen sie für ihre Anhänger lediglich eine Pose ein. Religion ist nicht dazu da, die Bedürfnisse ihrer Gläubigen so zu befriedigen wie ein Herrchen die Bedürfnisse seines Hundes befriedigt. Religion ist für Menschen, die ein Leben in Freiheit und Integrität führen wollen. Im Christentum sagt man, dass ein Gottesdiener, der so groß ist, dass Gott in den Wolken verhüllt wird, ein schlechter Gottesdiener ist.

Sawaki Roshi: Einige religiöse Führer glauben, ihre Anziehungskraft auf Gläubige sei davon abhängig, dass sie sich selbst erhöhen.

Ein spiritueller Lehrer verkündet: „Ich werde mein ganzes Leben enthaltsam leben." Es gibt viele Arten von Masken.

Die Verzweiflung einer gewöhnlichen Person

Sawaki Roshi: Eine Religion zu praktizieren bedeutet, über dich selbst zu reflektieren und das eigene Leben kritisch zu untersuchen.

Uchiyama Roshi: Manchmal stelle ich mir vor, wie ich ins Gefängnis geschickt werde. Ich weiß nicht, wie die Gesellschaft in der Zukunft sein wird. Wenn ein Führer wie Hitler, Stalin oder Mao Tse-tung die Kontrolle erlangte, könnte ich ins Gefängnis gesteckt werden, falls die Herrschenden an mir etwas auszusetzen hätten.

Ich lese irgendwo: „Eine Minderheit ins Gefängnis zu stecken heißt, eine Mehrheit in dem Glauben zu wiegen: 'Ich bin nicht so böse wie sie.'" Ich zweifle daran, dass nur die Menschen im Gefängnis böse sind. Wenn ich persönlich ernsthaft mein Leben bewerte und mich dem absoluten Licht der Religion aussetze, kann ich mich nicht des Gedankens erwehren, dass ich zweifellos zur Hölle fahren werde wegen meines absurden Verhaltens. Habe ich irgendeine Entschuldigung? Nein! In der absoluten Welt habe ich keinerlei Entschuldigung. In einem Sutra heißt es „Wenn du bereuen willst, sitze richtig (in Zazen-Haltung) und sehe die wirkliche Form."

Ich verzweifle immer wieder an mir selbst. Doch ich mache es mir zur Regel, Zazen zu üben und sage mir, es sei nur die Verzweiflung eines gewöhnlichen Menschen. Könnt ihr sehen, dass Verzweiflung Nahrung für das Absolute ist?

Sawaki Roshi: Das Leben ist voller Widersprüche. Eine Person kritisiert eine andere: „Sieh, was er getan hat", wo doch das, was jener getan hat, genau das ist, was der Kritiker tun möchte.

Je nüchterner du bist, desto kleiner siehst du dich selbst.

Shikantaza (Nur-Sitzen) ist der höchste Punkt, den ein Mensch erreichen kann.

Zazen und Selbsttäuschung

Sawaki Roshi: Wenn sie mitten in einem Streit sind, können ein Mann und seine Ehefrau nicht erkennen, dass ihr Streit auf ihrer Selbsttäuschung beruht. Wenn sie Zazen üben, werden sie klar verstehen lernen, dass sie sich wegen ihrer Selbsttäuschung streiten.

Uchiyama Roshi: Ich hatte echten Spaß an dem Cartoon von Katsuko Ikari, einem Studenten der *Tokio Liberal Arts Universität*, der an dem Uni-Cartoon-Wettbewerb der Zeitung *Asahi* teilnahm. In dem Bild versucht Adam das, was er gegessen hat, auszukotzen, während ihn Eva ängstlich anschaut und sagt: „Adam, ist dieser Apfel immer noch nicht draußen?"

Hätte Sawaki Roshi diesen Cartoon gesehen, hätte er gesagt: „Zazen ist die Haltung, aus der man den Apfel auskotzt." Wir sollten es nicht für etwas aus ferner Vergangenheit halten, sondern verstehen, dass wir ständig den Apfel essen und erbrechen, wie zum Beispiel in einem Ehestreit. Wir haben wegen unserer Selbsttäuschung ein Verständnis von „Ich", und mit diesem illusorischen Ego stören wir andere durch unsere selbstsüchtigen Handlungen. Das also bedeutet es, den Apfel der Sünde zu essen. Obwohl wir ständig getäuscht sind, erkennen wir das nicht. Warum? Weil wir gänzlich in unseren Täuschungen versunken sind und mit ihnen umgehen, als wären sie ein angemessenes Abbild der Realität.

Wenn wir Zazen üben und ruhig werden, sehen wir klar, wie getäuscht wir sind. Zazen ist tatsächlich die Haltung von „Gott, sei mir Sünder gnädig!" (Lukas 18, 13). Wenn wir Zazen üben, verwirklichen wir die illusorische Natur der Gedanken; egal, wie stark die Illusionen sind, wir jagen ihnen nicht nach und versuchen nicht, sie loszuwerden oder auf ihrer Grundlage zu handeln. Zazen ist also die Haltung und der wahre Ausdruck dessen, „dass unser alter Mensch mit ihm gekreuzigt ist" (Römer 6, 6). Es ist der reinste Ausdruck von: „Sei still und wisse, dass ich Gott bin" (Psalm 46, 10).

Der Zuschauer-Zen-Boom

Sawaki Roshi: Während der Taisho-Periode (1912-1926) war Kubutsu Ohtani[16], Priester der Jodo-Shin-Sekte der Schule des Reinen Landes und Nachfolger des Gründers Shinran, bekannt für sein zehntausend Yen-Trinkgeld für eine Geisha. Er schrieb dieses Gedicht: „Wie wohlwollend! Der Patriarch (Shinran) trug neunzig Jahre lang Papierkleider." Dieses Gedicht ist gut, doch wie konnte es von einem Mann geschrieben werden, der einer Geisha ein zehntausend Yen-Trinkgeld gab? Ich mag es nicht, wenn Poeten lügen.

Uchiyama Roshi: Während der Taisho-Periode waren zehntausend Yen der gesamte Reichtum eines Mannes. Ich hörte selbst von Kubutsu Ohtanis extravagantem Leben, auch wenn ich zu dieser Zeit noch ein Junge war. Ich denke, er lebte sein Säuferleben und vergaß, dass ein Mönch von Kopf bis Fuß ein Bettler ist. Dennoch liebte er es, seine Wertschätzung für das einfache und raue religiöse Leben der Patriarchen zu zeigen.

Bei der Teezeremonie wird der Geist von *wabi* und *sabi*[17] nicht mehr beachtet. Heutzutage spielt die Teezeremonie mit *wabi* und *sabi*. Wenn wir sie für eine Kunst halten, die man an einer Schule erlernt und abschließt, ist das in Ordnung. Aber wir sollten die gleiche Haltung nicht gegenüber unserer religiösen Existenz einnehmen. Religion sollte sich in unserem täglichen Leben widerspiegeln und nicht etwas sein, dass nur aus der Entfernung gewürdigt wird.

Wir Menschen sind irgendwie zu faul zum Üben. Wir wollen einen Eindruck vom Üben von einem Standpunkt aus erhalten, wo wir uns nicht einmischen müssen, aber wertschätzen können – so wie Touristen. Wie bei Zuschauersportarten, die sehr beliebt sind, ist der Zen-Boom ein Zuschauer-Zen-Boom oder ein Besichtigungstour-Zen-Boom.

Menschen haben die Ideen von Zen-Priestern zu Stereotypen gemacht, die glänzend, frei und leicht, unegoistisch und offen sein sollen,

---

[16] Ohtani Koen (1875–1943) – Kubutsu war sein Name als Haiku-Dichter –, der 23. Abt des Honganji.
[17] *Wabi* und *sabi* sind Abkürzungen von *wabishii* und *sabishii*. *Wabishii* bedeutet wörtlich karg, *sabishii* einsam. Diese Gefühle kennzeichnen die Teezeremonie und Haiku-Verse.

wie Zeichen in einem Band mit Erzählungen. Sie besichtigen Zen-Tempel und finden sie wegen ihrer Einfachheit und Reinheit schön. Diese Menschen schätzen nur die Kunst der Atmosphäre. Überflüssig zu erwähnen, dass sie sich nicht um religiöse Übung kümmern.

Sawaki Roshi: He! Was glotzt du so? Siehst du nicht: Es geht um dich!?

Kein Nutzen

Sawaki Roshi: Was ist der Nutzen der Zazen-Übung? Es gibt keinen. Bis sie dein dickes Skelett durchdringt und du wirklich Zazen übst, ist sie nicht von Nutzen, wirklich nutzlos.

Uchiyama Roshi: Sein ganzes Leben lang sagte Sawaki Roshi: „Es gibt keinen Nutzen in der Zazen-Übung." 1941 wurde ich Mönch und einer seiner Schüler. Bald danach fragte ich ihn: „Wenn ich unter Ihrer Anleitung studiere und Zazen so lange übe, wie Sie in der Lage sind zu lehren, kann ich dann ein stärkerer Mensch werden?" Er antwortete sofort: „Nein, kannst du nicht, egal, wie sehr du es versuchst. Ich wurde nicht durch Zazen der, der ich bin. Ich bin von Natur aus so. Ich habe mich seit meiner Jugend nicht geändert."
    Sawaki Roshi war ungewöhnlich und dynamisch. Er war der Typ von Mensch, der in sich das Bild des alten Zen-Meisters verkörperte. Als ich seine Antwort auf meine Frage hörte, dachte ich: „Ich kann durch Zazen ein stärkerer Mensch werden. Er hat zwar das Gegenteil gesagt, doch das war nur Gerede." In diesem Glauben diente ich ihm und fuhr mit Zazen fort, bis er starb. Wenn ich an meine Vergangenheit zurückdenke, verstehe ich nun, dass es keinen Nutzen in der Zazen-Übung gibt. Ich bin immer noch ein Feigling und bin nie auch nur ein bisschen wie Sawaki Roshi geworden. Ein Veilchen erblüht als ein Veilchen und eine Rose erblüht als Rose. Für ein Veilchen gibt es keinen Grund, Rosenblüten hervorzubringen.

Sawaki Roshi: Jeder trägt sein eigenes Karma, doch es ist wichtig, dass wir alle von Buddha geführt werden. *Shinjin datsuraku* (Körper und Geist abwerfen) bedeutet, dass wir unsere Egos wegwerfen, Buddhas Lehre glauben und von Buddha geführt werden.

Momentane Eingebungen

Sawaki Roshi: Manchmal sieht das Verhalten derselben Person liebenswert, ein anderes Mal schrecklich aus. Am Neujahrstag und Neujahrsabend geht dieselbe Sonne auf und unter.

Uchiyama Roshi: Wenn ein Mann sich in eine Frau verliebt, sind sogar ihre Makel schön. Was auch immer sie tut, es erscheint ihm liebenswert. Doch nach Beginn der Ehe mit ihr wird er langsam ein paar Aspekten ihres Verhaltens überdrüssig. Er beobachtet sie und denkt: „Nun wird sie das tun und dann das." Dann tut sie genau das Erwartete, und er fühlt sich von ihr angeekelt. Seine Sicht von ihr beginnt sich zu ändern und auch ihre Sicht auf ihn. Wenn sie gefühlsmäßig unausgereift sind, wird ihre Beziehung einbrechen. Sie haben all ihre Anziehung während der Flitterwochen aufgebraucht und als Ergebnis ihres selbstsüchtigen Verhaltens werden sie sich – unter Hinweis auf die Unvereinbarkeit ihrer Temperamente – scheiden lassen oder Affären mit anderen haben. Es ist sehr schwierig, nicht nur ein bisschen betört von jemandem zu sein, sondern ihn richtig zu lieben. Romantische Liebe ist Ekstase und Vergiftung, doch die Ehe ist Leben wie auf einer langen Reise. Du musst eine Million Wellen überwinden und aufhalten. Was sind die Million Wellen? Es sind die Wellen in deinem eigenen Geist. Wenn du dich nur treiben lässt und nach momentanen Eingebungen handelst, wirst du schlichtweg versinken.

Ein religiöses Leben in Zazen zu führen heißt, deinen Geist ständig im Wandel zu sehen und die Festigkeit zu besitzen, nicht zu schwanken. Am Neujahrstag und Neujahrsabend geht keine unterschiedliche Sonne auf und unter. Wenn du mit jemandem im Clinch liegst, solltest du besser erkennen, dass dieser Konflikt nur ein Gedanke ist, dich neu orientieren und einen neuen Tag willkommen heißen.

Sawaki Roshi: Wenn die Haut auf deinem Kopf zu dick ist, wie die einer Pampelmuse, kannst du gar nichts aufnehmen. Wenn dein Hirn zu schlicht ist, wie das eines Soldaten, kannst du nicht flexibel reagieren. Das Leben muss intensiv und beweglich sein.

Eine Rose ist eine Rose

Sawaki Roshi: Der Buddha-Weg soll nicht verwässert werden. Er muss bis in deine Knochen deine Rolle werden. Diese Haltung wird *samadhi* oder *shikan* genannt. Wir essen nicht, um scheißen zu können. Wir scheißen nicht, um Dünger zu machen. Doch in den letzten Jahren denken die meisten Menschen, dass man in die Oberschule geht, um auf die Uni zu kommen, und in die Uni, um einen guten Job zu kriegen.

Uchiyama Roshi: Es ist ein großer Fehler zu denken, dass Begeisterung für Erziehung bedeutet, Kinder zu drängen, mit anderen zu wetteifern oder dass es bedeutet, Druck auf sie auszuüben, damit sie eifrig für gute Noten lernen und als Belohnung für ihre Anstrengungen Examen bestehen. Im Falle frühreifer Kinder könnten diese erkennen, dass Wettbewerb dumm ist und das Studieren ganz aufgeben. Im Falle empfindsamer und furchtsamer Kinder könnten diese durch ein solches Verhalten der Eltern entmutigt und neurotisch werden. Kinder, die unter den Daumen ihrer Eltern und Lehrer lernen, sind mehr oder weniger einfach gestrickt. Sie sind wie die Kinder von wilden Tieren.

Wenn ich Lehrer wäre, würde ich meinen Schülern gern erzählen, dass sie keine guten Noten bekommen und keine angesehene Schule besuchen müssen, dass sie aber das Bestmögliche geben sollten. Es ist natürlich, dass ein Veilchen als Veilchen blüht und eine Rose als Rose. Es gibt keinen Grund, sich mit dem Gedanken abzumühen: „Ich bin wie ein Veilchen, aber ich bin unzufrieden damit, Veilchenblüten zu erzeugen; ich will Rosenblüten haben." Wenn ein Veilchen keine Veilchenblüte hervorbringen kann, ist sein Leben verdreht und nicht gut. Wenn du mich fragst, ob du ein Veilchen oder eine Rose bist – ich weiß es nicht. Du musst das nicht entscheiden. Dein Leben besteht aus unbekannten Möglichkeiten. Ich würde meinen Schülern erzählen, dass sie während der Studiendauer diese Zeit als Studienzeit erblühen lassen sollten, weil dann, wenn sie schlafen, einen Comic lesen oder ihr Mittagessen frühzeitig einnehmen, die Blume ihrer Schulstunden sich nicht öffnet.

Unreinheit und Unfreundlichkeit

Sawaki Roshi: Im Buddhismus ist das Schlimmste *zenna*, die Unreinheit. Zu prahlen wie der Direktor eines Unternehmens ist Unreinheit. Diese Unreinheit zu reinigen heißt *samadhi*.

Uchiyama Roshi: Eines Abends im letzten Winter, ein paar Tage vor dem Jahrestag von Sawaki Roshis Tod, kam ein Schüler, der im Antaiji lebte und Mönch werden wollte, zu mir und sagte: „Ein Priester steht vor der Tür." Ich ging zum Eingang und sah dort Taiko Furukawa Roshi stehen, den *kancho*[18] des Myoshinji. Ich sagte: „Das ist sehr freundlich von Ihnen, kommen Sie herein." Er antwortete: „Ich habe schon Weihrauch für Sawaki Roshi geopfert; es tut mir sehr leid, aber ich muss nun gehen." Beschämt begleitete ich ihn zum Auto.

Furukawa Roshi kam und tröstete Sawaki Roshi, kurz nachdem er sich im Antaiji eingeschlossen hatte. Nach Sawaki Roshis Tod tauchte er wieder auf und brachte zweimal Weihrauch für ihn dar. Das letzte Mal, als er vorbeikam, war ich nicht hier und schrieb dennoch keinen Entschuldigungsbrief an ihn. Antaiji ist ein bescheidener kleiner Tempel, der selten wichtige Besucher empfängt. Als Furukawa Roshi das erste Mal kam, um Sawaki Roshi zu sehen, sagte ich zu ihm: „Ich muss ihnen gestehen, dass wir nicht darauf vorbereitet sind, einen *kancho* im Antaiji zu empfangen", doch er kümmerte sich nicht darum. Ich konnte nicht umhin, von seiner *fuzenna*, seiner Unschuld, überrascht zu sein. Vielleicht war es aufgrund seines Alters (er war über Neunzig). Zugleich war ich von dem Schüler überrascht. Als ich mich beschwerte: „Er ist der *kancho* vom Myoshinji, das hättest du mir gleich sagen sollen!", antwortete er unschuldig: „Was ist ein *kancho*?" Irgendwie schien ich der am meisten Beschmutzte zu sein, und darüber war ich sehr traurig.

Im Zen sagt man: „Der hohe Ort sollte als hoher Ort beständig sein, der niedrige Ort als niedriger Ort." Wenn jemand zu rein ist, wird er wohl die Ordnung der menschlichen Gesellschaft stören und zu den Menschen rüde sein. Kurz, auch wenn *fuzenna* (Nicht-Beschmutzung)

---

[18] Administrativer Kopf einer Untersekte der beiden Hauptschulen des Zen in Japan (Rinzai und Soto) und Abt ihres Haupttempels.

das Ideal ist, werden wir immer befleckt sein. In der menschlichen Gesellschaft hören wir nie auf, unsere Unreinheiten zu bereuen, stimmt's?

Sawaki Roshi: Wer keine Unterschiede sieht, ist ein Narr. Diejenigen, die immer Angst vor Unterschieden haben, sind mittelmäßige Leute.[19]

---

[19] Einmal fragte der sechste Patriarch (Eno) den Nangaku Ejo: „Warum üben und suchen wir Erleuchtung?" Nangaku sagte: „Übung und Erleuchtung sind nicht ‚nicht hier', aber sie können nicht erlangt werden, wenn es irgendeine Unreinheit gibt." Der sechste Patriarch antwortete: „‘Keine Unreinheit' ist, was alle Buddhas bewahren. Du bist so; ich bin so; alle Patriarchen in Indien sagten dasselbe."

Eine erfundene Geschichte

Sawaki Roshi: Es gibt immer etwas Verklumptes in einem menschlichen Geist. Irgendeinem „Ismus" zu folgen ist bigott. Wenn du bigott bist, kannst du den Buddha-Dharma nicht sehen, egal von wie nahe du ihn betrachtest.

Ein Gedanke ist nichts als eine erfundene Geschichte. Buddha-Dharma ist alles, bevor wir Geschichten erfinden.

Uchiyama Roshi: Sawaki Roshi bemühte sich sehr, das Buddha-Dharma mit lebendigen, modernen, alltäglichen Ausdrücken zu lehren. Er sagte uns immer: „Dank der boshaften Schüler der Fünften Oberschule von Kumamoto wurde ich kein Priester des buddhistischen Establishments." Wenn ich mit jungen Studenten zusammen bin, fangen die an zu gähnen, sobald ich buddhistische Ausdrücke benutze oder Abschnitte aus den buddhistischen Schriften zitiere. Wenn ich so weitermache und ihre Reaktionen verkenne, werden sie sich von mir fernhalten.

Buddhistische Ausdrücke und Zitate aus den buddhistischen Schriften sind nur Aufzählungen von Zeichen, nur die Gedanken anderer Menschen, ausgedrückt mit Worten. Deshalb spüren die Studenten nicht einen Hauch von Leben darin. Der Grund für den Verfall des japanischen Buddhismus ist, dass er nur noch diese starren Formen lehrte. Jeder „Ismus" oder jede Ideologie ist nur ein starr formalisiertes System von Gedanken, obwohl manche von ihnen nicht so verschlüsselt und stereotypisiert sind wie der Buddhismus in Japan.

Das ursprüngliche Buddha-Dharma ist nichts, was von menschlichem Denken geschaffen wurde. Bevor wir versuchen kreativ zu sein, sollten wir das Selbst entdecken und unsere Handlungen mit Festigkeit verfolgen. Im Buddhismus sagt man: „Klebe nicht einmal am Buddha oder Dharma." Buddha-Dharma zu praktizieren heißt, vom Haften an irgendeiner Idee oder einem „Ismus" frei zu sein und unser Leben frei zu nutzen, genau jetzt.

Selbst-Interesse

Sawaki Roshi: Gutes zu tun kann böse sein. Es gibt Menschen, die Gutes tun, um sich selbst zu schmücken.

Uchiyama Roshi: Nehmen wir an, jemand besucht, mit Geschenken beladen, Leprastationen und Sanatorien für Tb-kranke und sagt: „Ich möchte euch helfen, damit ihr euch möglichst problemlos medizinischer Behandlung unterziehen könnt." Dann wird er ein Kandidat fürs Unterhaus und sagt: „Wie geht's? Ich unterstütze euch Patienten. Ich werde eure Ausstattung verbessern, wenn ich dafür einen Sitz im Unterhaus bekomme." Er gewinnt einen Sitz im Unterhaus und bemüht sich, die Ausstattung für die Patienten zu verbessern, doch er steckt einen Anteil in die eigene Tasche und bereichert sich selbst. Unterstützt er die Patienten oder nutzt er sie aus? Das ist eine sehr schwierige Frage. Ich bedaure, dass es genau so in der menschlichen Gesellschaft zugeht. Du solltest dich durch dich selbst beurteilen und dir vorstellen, dass du allein vor Gott stehst und sein Urteil empfängst.

Der Grund, warum wir heutzutage mit der Politik unzufrieden sind ist, dass es kaum noch jemanden gibt, der sein Leben der Politik so widmet wie es in der Meiji- und frühen Taisho-Ära üblich war, sondern meist nur Menschen, die sich selbstsüchtig betätigen.

Das gleiche gilt für die Religion. Alles gibt einen Kick, ob einer an Religion glaubt, um sich selbst zu verbessern oder ob jemand seinen Geist, der etwas gewinnen will, loslässt. Ersterer ist ein Ketzer, der Gott und Buddha ausnutzt, letzterer eine wahrhaft religiöse Person. Wenn du jemanden siehst, der sich vor Gott oder dem Buddha niederwirft und ergeben betet, kannst du unmöglich wissen, ob sein Glaube echt oder geheuchelt ist. Es hängt von der letzten Bewertung seiner Taten ab. Dies gilt auch, wenn er eine heilige Person ist und von vielen Menschen respektiert wird.

Sawaki Roshi: Wir müssen alle mit offenen Augen in Bezug auf die Motive unseres Handelns über uns nachsinnen. Irgendwie sind wir, bevor wir es überhaupt bemerken, um unsere Erscheinung besorgt wie ein Alleinunterhalter. Wenn deine Übung wie eine Aufführung vor Publikum ist, kann sie nicht Religion wie der Buddha-Dharma sein.

Noten fürs moralische Verhalten

Sawaki Roshi: Da fragte mal einer einen Mathematiker, ob es die „1" wirklich gäbe. Die Antwort war, dass die Mathematik tatsächlich „nur davon ausgeht", dass es die „1" gibt.
Im Buddhismus gibt es keine „1". Es heißt: „Zwei gibt es auf Grund der Eins, doch halte auch an der Eins nicht fest."
Eins ist alles, alles ist Eins.

Uchiyama Roshi: Taschenrechner ermöglichen es heute, präzise zu rechnen, aber als ich letztes Jahr die Rechnung für meine Krankenversicherung bekam, kamen mir die Zahlen erstaunlich hoch vor. Als ich beim Versicherungsamt nachfragte, kam heraus, dass die zuständige Dame ein oder zwei Nullen zu viel eingetippt hatte. Der Taschenrechner selbst arbeitete präzise – und bewies damit nur, wie lässig und ungenau die Beamten bei ihrer Arbeit sind.
Ein Lehrer besuchte mich vor einigen Tagen und sagte mir: „Wir sollen den Schülern jetzt Noten für ihr moralisches Verhalten und Verantwortungsgefühl geben. Was halten Sie davon?" Da ich nicht viel vom Erziehungswesen verstehe, war ich zunächst sehr überrascht. Dass man in den Naturwissenschaften alles mit Zahlen ausdrücken kann, ist mir klar, aber kann man auf die gleiche Weise den Wert eines Menschen beurteilen? Eher als den Schülern möchte ich dem Kultusminister Noten für seine Moralvorstellungen und sein Verantwortungsgefühl geben – und das wären keine so guten Noten!
Jedenfalls riet ich dem Lehrer, dem nichts anderes übrig blieb, als sich an die Richtlinien des Kultusministeriums zu halten: „Ich würde einfach jedem der Schüler ‚90%' geben, denn im Zen-Buddhismus heißt es, das neunzig besser als hundert Prozent sind. Aber wichtiger als das ist, dass Sie ihren Schülern dafür auch beibringen, was Verantwortung wirklich bedeutet, und dass Sie gemeinsam mit ihren Schülern die ganze Verantwortung für ihr Leben und ihr moralisches Verhalten übernehmen."

Sawaki Roshi: Alles muss auf genau eine Weise sein, doch gleichzeitig kann es auch so sein, wie es will. Nichts muss auf irgendeine bestimmte Weise sein, doch alles muss auf die höchste und beste Weise genau so sein, wie es ist.

Tadellos sein

Sawaki Roshi: Unser Leben ist kompliziert. Es gibt Zeiten des Krieges, in denen Feuer vom Himmel fällt und Zeiten, in denen wir Nachmittagsschläfchen mit dem *kotatsu*[20] halten. Manchmal müssen wir die ganze Nacht arbeiten, manchmal entspannen wir und trinken Sake. Buddha-Dharma ist Buddhas Lehre darüber, wie wir die verschiedenen Situationen handhaben sollten.

Uchiyama Roshi: Musashi Miyamoto[21] soll niemals ein Bad genommen haben, weil er dabei verletzbar gewesen wäre. Wenn du in einer Fertigkeit wirklich gut werden willst, musst du einen starken Willen besitzen und hart üben, genau wie er. Den meisten Menschen ist das unmöglich.

Manche versuchen angestrengt, Zazen zu üben, im Glauben, Zen sei die Kultivierung des Willens und der Selbstdisziplin. Ihre Übung mag beeindruckend werden, doch sie kann nicht Zazen als Religion genannt werden, etwas, was von allen geübt werden kann. Sawaki Roshi lehrte uns immer, tadellos zu sein, doch er meinte nicht die Art von übertriebener Vorsicht, bei der jemand nie ein Bad nimmt. Er wies vielmehr darauf hin, wie wir unser Leben führen können, an stürmischen wie an ruhigen Tagen, immer unter dem Schutz des Buddha.

Anderntags kam jemand zu mir und sagte, dass er gern öfter vorbeischauen und Zazen unter meiner Leitung üben wolle, doch Antaiji sei von seinem Haus zu weit weg, um das regelmäßig zu tun. Er sagte, er würde zu Hause fortfahren, Zazen zu üben und wollte wissen, wie er unkorrektes Zazen vermeiden könne. Ich antwortete ihm, dass dann, wenn seine Frau und seine Kinder sagten: „Papi ist nett geworden, seit er Zazen macht", sein Zazen korrekt wäre.

Sawaki Roshi: Oft trifft man einen Menschen, der glaubt, nur er habe recht, selbst wenn ihn seine ganze Familie hasst. So lange du denkst, dass nur du recht hast, bist du im Unrecht – ganz zu schweigen von dem Laien, der sich stolz seines *„Satori"* rühmt, aber von seiner Familie gehasst wird.

---

[20] Die Art von Heizgerät, die mit einer Steppdecke bedeckt und mit Holzkohle oder Elektrizität versorgt wird.
[21] Musashi Miyamoto (1584?–1645) war ein Experte des japanischen Schwertkampfes in der frühen Edo-Periode. Er schrieb das Werk *Gorinnosho, Das Buch der Fünf Ringe*.

Dogen Zenji

Sawaki Roshi: Ein Grund dafür, dass Dogen Zenji so faszinierend ist, ist sein Verständnis des Buddha-Dharma als das Selbst und nicht als ein Märchen für mittelmäßige Leute.

Uchiyama Roshi: Was mich bei Dogen Zenji anzog war seine Aussage: „Den Buddha-Weg studieren heißt das Selbst studieren." Seit ich sechzehn oder siebzehn war, wurde ich von meinem Leben beunruhigt und begann, westliche Philosophie und Christentum zu studieren. Nachdem ich Dogen Zenjis Schriften gefunden hatte, spürte ich ein starkes Bedürfnis, in seiner Schule Mönch zu werden. Ich hatte Glück, unter Sawaki Roshi studieren zu können, der mit seiner modernen Empfindsamkeit Dogen Zenjis Buddhismus als vom Selbst ausgehend verstand. Nun kann ich die Wahrheit im Christentum und in der Reinen Land-Sekte des Buddhismus sehen. Ich denke, es war natürlich, dass ich sie nicht annehmen konnte, als ich jung war, weil der Ausgangspunkt dieser Lehren einen Glauben an das Sühneopfer am Kreuz oder an die Errettung durch Amitabhas Anruf erforderte. Ich konnte nicht erkennen, was sie mit meinem Leben zu tun hatten. Wenn wir unsere Intelligenz und die Macht der Vernunft verneinen und Geschichten über Menschen der Vergangenheit glauben, weil sie in der Bibel oder in Schriften stehen, dann müssen wir auch die Geschichten von übermenschlichen Wesen glauben, die in der Vergangenheit lebten, weil sie ja ebenfalls in den Schriften beschrieben sind. Das ist nur ein Beispiel des modernen Standpunktes. Moderne Menschen können nicht aufhören zu sagen: „Weil Intelligenz auch eine Funktion des Selbst ist, sollten wir sie nicht verneinen." Die meisten Menschen sind so streitlustig, so dumm und mittelmäßig. Der Grund, warum Dogen Zenji solche spitzfindigen, dummen und mittelmäßigen Menschen überzeugen kann, Zazen zu üben, ist der, dass er uns lehrt: Den Buddha-Weg studieren heißt das Selbst studieren. Dogen Zenjis Lehre überzeugt Menschen, dass das Selbst nicht von der Vernunft erfasst werden kann, obwohl die Vernunft eine der Funktionen des Selbst ist. Dogens Lehre führt zu der Wahrheit des Selbst jenseits von Vernunft.

Der Wert der Dinge

Sawaki Roshi: Wenn du nicht krank bist, vergisst du deinen Körper. Als meine Füße stark waren, lief oder rannte ich, ohne mir Sorgen um sie zu machen. Zuletzt schien es, als wären meine Füße mein größtes Problem. Gesund, arbeitest du einfach und vergisst deine Gesundheit.

Wenn etwas deinen Geist belastet, ist es falsch. Wenn *shinpo*[22] nicht auftaucht, dann bist du nicht von Bedeutung.

Meine Predigten werden von bestimmten Zuhörern kritisiert. Sie sagen, meine Reden seien hohl, nicht heilig. Ich stimme ihnen zu, denn ich bin selbst nicht heilig. Buddhas Lehre führt Menschen an den Ort, wo nichts Besonderes ist.

Menschen missverstehen Glauben oft als eine Art Ekstase oder Vergiftung. Es gibt Illusionen und Vergiftungen, die heilig erscheinen. Wahrer Glaube bedeutet, sich von solcher Vergiftung zu erholen.

Uchiyama Roshi: Was ist das Wichtigste im Leben? Viele Menschen werden antworten: „Geld!" Aber Geld ist nicht das wichtigste für uns. Zuerst kommt Luft; dann Wasser, Temperatur, Licht, Essen und so weiter. Geld steht weiter unten auf der Liste. Weil unser Land mit Luft und Wasser gesegnet ist, vergessen wir Japaner ganz den Wert von Luft und Wasser. Diese Luft und dieses Wasser müssen rein, ohne Geruch oder Geschmack sein. Sie müssen Dinge sein, in denen nichts Besonderes ist. Dieses „nichts Besonderes" ist so natürlich, dass wir es nicht als das Allerwichtigste im Leben erkennen.

Unser Leben als lebendig und rein zu manifestieren, ohne beschmutzt oder von irgendetwas angezogen oder abgestoßen zu werden, das ist die essentielle Lehre des Buddhismus. Kurz, Buddhas Lehre führt Menschen an den Ort, wo nichts von Bedeutung ist. Eine Existenz, die auf dem Buddha-Dharma beruht, bedeutet zu leben und sich von allen Formen der Vergiftung zu erholen.

---

[22] Geist, der sich von Materie abgrenzt.

Bedingte Sichtweise

Sawaki Roshi: Im *Joyuishiki-ron*[23] heißt es: „*Naishiki* (die Funktion des Geistes, Willens, Bewusstseins) ändert sich und es scheint, als würde das Universum sich zweiteilen." Wenn das Bewusstsein auftaucht, scheinen Subjekt („Ich") und Objekt (die Welt) getrennt zu existieren. Wir machen ein großes Tamtam darum und jagen dem Objekt nach oder flüchten vor ihm. Selbsttäuschung ist ein seltsames Ding.

Uchiyama Roshi: Ich höre Bürofrauen oft sagen: „Das Problem sind nicht die Aufgaben, sondern die menschlichen Beziehungen im Büro." Ich vermute, das ist wahr. Die Schwierigkeit der Büroarbeit liegt nicht nur im Ausmaß der Arbeit. Wenn du viel zu tun hast, kannst du damit fertig werden, indem du nachts und an Feiertagen arbeitest. Doch was die menschlichen Beziehungen angeht, so stehen die Menschen, die du nicht leiden kannst, jeden Tag vor deinen Augen, und das kannst du nicht durch Überstunden beseitigen.

Ich denke, es gibt zwei Arten von Menschen, die wir nicht leiden können. Die eine Art ist der Typ Mensch, über den andere sagen: „Ich fühle mich bei dem, was er tut, unwohl, denn er versucht immer, dem Chef zu gefallen." Über die andere Art von Mensch sagen die Leute: „Er hasst alles, was ich tue." Jedenfalls kommst du jeden Tag mit Menschen in Kontakt, die dich irritieren. Schließlich hältst du es nicht länger aus und bekommst einen Wutausbruch oder du behältst deine chronische Unzufriedenheit für dich und machst dich selbst verrückt. Wenn dich ein Mensch nervt ist das nicht nur, weil er existiert, sondern auch wegen deiner bedingten Sichtweise.

Wenn wir einen guten Appetit haben, zieht uns köstliches Essen an. Wenn wir sexuelle Wünsche hegen, zieht uns das andere Geschlecht an. Mit anderen Worten, nur wenn Appetit und sexuelle Wünsche bestehen, wird die Welt, die ihnen entspricht, vor uns erscheinen. Wenn *naishiki* (die individuelle Lebenskraft, die „Ich" genannt wird) auftaucht, wird die Welt, die „Ich" sehe, gemäß meines bedingten Bewusstseins erscheinen und ich werde bei ihrem Anblick den Objekten, die ich in ihr wahrnehme, folgen oder vor ihnen fliehen.

---

[23] *Joyuishiki-ron (Vijinaptimatratasiddhi-sastra)* ist ein Kommentar von Dharmapala zu Vasubandhus *Trimsikavijnaptimatratasiddhi*, dem Grundlagentext der Yogacaraschule.

Die Aktualität

Sawaki Roshi: Wir sagen oft: „Ich habe es mit eigenen Augen gesehen" oder „Ich habe es mit meinen eigenen Ohren gehört", doch diese Augen und Ohren sind nicht zuverlässig. Wir sind alle von unseren Augen, Ohren, Nasen, Zungen, Körpern und Gedanken besessen. Wir reden oft über Glück und Unglück, doch das sind nur vorübergehende Gefühle.

Uchiyama Roshi: Es gab mal einen Studenten, der uns hier besuchte. Er begann mit der Frage, ob ich das Kaisersystem unterstütze. In diesem Moment verstand ich, dass er ein einfach gestrickter Typ war, von rechtem Gedankengut infiziert. Heutzutage gibt es kein richtig oder falsch in Bezug aufs Kaisersystem, doch die Haltung dieses Studenten schien zu sein, dass das Kaisersystem das Grundproblem darstelle und dass nur nachdem er meine Einstellung dazu bestimmt hätte, wir über andere Dinge würden reden können. Das brachte mich zum Lachen.

Während der Studentenunruhen in den Siebzigern gab es eine Menge Leute, die glaubten, dass das Gerede über die Aufstände die Wirklichkeit der Aufstände wiedergab. Zur Zeit von Yukio Mishimas *harakiri* gab es eine Menge Leute, die das Gerede über Yukio Mishima für die Wirklichkeit Yukio Mishimas hielten. Revolutionen und Kriege entwickeln sich aus den bedingten Sichtweisen dieser Arten von Menschen. Diese Menschen sind weit von der Realität entfernt. Wie doch ihr Leben voller Wahnvorstellungen ist!

Sawaki Roshi: Menschen sagen oft „Wirklichkeit, Wirklichkeit", doch es ist nur ein Traum. Es ist Wirklichkeit im Traum. Menschen denken, Revolutionen und Kriege seien erstaunlich, doch sie sind nur Kämpfe in einem Traum. Bei deinem Tod kannst du leicht verstehen: „Oh! Das ist nur ein Traum."

Wenn du träumst, ist es schwer zu sehen, dass du träumst. Wenn du in deine Wange stichst, spürst du Schmerz; dieser Schmerz ist auch im Traum. Wir treten miteinander in einem Traum in Kontakt, wir erkennen den Traum nicht als das, was er ist.

Jeder ist in seinem eigenen Traum. Die Unterschiede, die zwischen den Träumen existieren, sind das Problem.

Den Sinn von „Ich" aufgeben

Sawaki Roshi: Jemand kann sich nicht selbst durch sich selbst erhalten. Nur wenn jemand die Idee des „Ichs" aufgibt, wird er ganz natürlich zu dem Selbst, das mit dem Universum verbunden ist.

Uchiyama Roshi: In unserem täglichen Leben reden wir frei über etwas, über das wir sprechen wollen. Wenn wir irgendwo hinwollen, ziehen wir sogleich los. Sobald wir etwas besitzen wollen, greifen wir schon danach. Unsere Hände, Füße und die Zunge arbeiten so frei, dass wir keine Zweifel daran haben, unsere Gedanken seien der einzige Meister unseres Körpers und diese Gedanken stellten das „Ich" selbst dar. Doch wenn wir alles allein mit Gedanken messen und handhaben wollen, stellen wir fest, dass die Dinge sich nicht gut entwickeln und wir am Ende leiden. Ein Beispiel: Ich kann ein köstliches Festmahl, das vor mir dargebracht wird, so sehr genießen wie ich will – wenn ich es schnell und angenehm verdauen will, wird mein Magen dazu nicht in der Lage sein. Ich kann eine Verdauungsmedizin einnehmen oder einen Arzt aufsuchen, wenn ich will; das ist möglich. Wenn der Arzt nichts tun kann und die Medizin nicht hilft, kann ich nicht mehr machen, was ich will, und ich muss leiden. Bedenken wir sorgsam diese Fakten, dann verstehen wir, dass unsere Gedanken weder der Meister unseres Körpers noch des „Ich" sind. Es wäre besser, Gedanken für Absonderungen unserer Hirne zu halten, so wie Speicheldrüsen Speichel absondern und der Magen Magensaft. In jedem Fall ist das „Ich", das durch Gedanken hergestellt wird, nicht der Meister des Individuums.

Wenn du feststellst, dass unsere Handlungen nicht auf Gedanken allein basieren, lässt du die Gedanken los. Seltsam genug, dass das Essen in deinem Magen vollständig verdaut wird, ob du darüber nachdenkst oder nicht. Wenn wir schlafen, atmen wir mit der notwendigen Zahl von Atemzügen pro Minute weiter und das „Ich" fährt zu leben fort. Was ist nun dieses „Ich"? Ich kann nicht anders als das „Ich" für das Selbst zu halten, das mit dem Universum verbunden ist. Im Frühling kommen Sprossen aus dem Boden. Im Herbst verändern Blätter ihre Farben und fallen von den Bäumen. All diese Dinge sind ein Ausdruck der Lebenskraft des wahren Selbst.

Über die Ängste des Lebens

Sawaki Roshi: Ich kann einem Menschen nicht helfen, der nicht ohne Geld leben kann.

Uchiyama Roshi: Eines Tages vor zehn Jahren kam der Manager einer der wichtigsten Banken im Zentrum einer Großstadt zu Besuch und gestand mir seine Pein. Er sagte: „Meine Pensionierung steht bevor und ich bin so besorgt übers Altwerden, dass ich nicht schlafen kann." Ich antwortete: „Sie wollen zuviel! Sie erhalten jeden Monat ein Riesengehalt und einen regelmäßigen Bonus. Ich bin sicher, sie haben eine Menge gespart. Schauen sie sich meine Lage an. Ich hatte nie ein geregeltes Einkommen. Ich habe nichts gespart. Jeden Tag gehe ich wie ein herumstreunender Hund betteln und lebe mein Leben im Gedanken: Es ist in Ordnung, wenn dieser Tag vorübergeht. Egal, wie viele Jahre ich mit dieser Art zu leben fortfahre, ich werde keinen Bonus erhalten, keinen Alterszuschuss und keine Rente. Ihre Angst um ihr hohes Alter kann mit meiner nicht mithalten. Ihre Idee ist, zuerst abzuschätzen, wie viele Jahre sie noch leben werden und diese Zahl dann mit ihrem Gehalt und ihren Bonussen zu multiplizieren. Wenn sie sehen, dass sie das nötige Geld haben, werden sie sich sicher fühlen. Doch es ist unmöglich, sich auf diesem Weg sicher zu fühlen, darum haben sie keine andere Wahl als nervös zu werden.

Ein Mensch, der sich für sehr wichtig hält und im Gedanken „Ich, Ich, Ich" lebt, kann mit seinem Leben nicht zufrieden sein. Jeder glaubt, wenn er sich nur genug anstrenge, sein Leben leichter zu machen, werde er es schon schaffen. Doch dann wird die Sorge darum zum Problem. Diese Art von Mensch leidet normalerweise mehr als andere. Das ist schon seltsam. Er kann nicht aufhören zu denken, dass die Dinge in der Welt sich nie so entwickeln, wie er sich das wünscht, er fühlt sich unter Druck gesetzt und ängstlich und seine Probleme werden größer und größer. Wenn Sie erkennen, dass diese Welt nicht nur für Sie existiert und wenn Sie ihre Selbstbezogenheit aufgeben, werden Sie vielleicht die guten Dinge, die sie empfangen, wertschätzen lernen – genau wie ich beim Betteln." Nach diesem Gespräch mit ihm dachte ich: „Für manche Menschen ist Leiden ein Luxus."

Über Segnungen

Sawaki Roshi: Himmel und Erde geben sich selbst. Luft, Wasser, Pflanzen, Tiere und Menschen geben sich selbst einander. In diesem Sich-Selbst-Einander-Geben leben wir. Ob du das magst oder nicht, es ist wahr.

Die Welt, in der Menschen Dinge geben und empfangen ohne zu sagen „Gib es mir!", ist die wahre schöne Welt. Sie unterscheidet sich von der Welt, in der man sich um Dinge zankt. Sie ist unermesslich und ungebunden.

Uchiyama Roshi: In der Bibel heißt es: „Werden nicht zwei Spatzen für einen Pfennig verkauft? Und nicht einer von ihnen fällt ohne den Willen deines Gottes zu Boden." 99,99 Prozent unserer Notwendigkeiten kommen als Geschenk von Himmel und Erde, von den zehntausend Dingen, vom Universum; aber 0,01 Prozent der Dinge, die wir brauchen, können Objekte der Gier werden. Luft, Licht, Temperatur, Wasser etc., all diese Dinge, die wir seit unserer Geburt empfangen haben, sind für menschliches Leben nicht nur unentbehrlich, sondern sie sind Segnungen. Nur wenn wir erkennen, dass wir unermessliche Segnungen, ohne die wir nicht überleben könnten, empfangen haben – obwohl wir dem Universum nie einen Dienst erwiesen –, nur wenn wir unsere Gier bezüglich der 0,01 Prozent unserer Notwendigkeiten verringern und unser Leben in der ernsthaften Absicht leben, alles, was wir können, für alles und jeden zu tun, dann finden wir den weiten, ruhigen Weg, der vor uns bereit liegt.

Sawaki Roshi: Diene den zehn Richtungen mit der Einstellung: „Ich begehre nichts!" Das ist das unermessliche Angebot.

Uchiyama Roshi: Bevor ich Mönch wurde, sah ich mir die Welt an, in der um Geld gestritten und gekämpft wurde, und fühlte mich von ihr erstickt. Zum Glück traf ich Sawaki Roshi, der ein lebendes Beispiel von „Ich begehre nichts" war, und ich verstand, dass auch ich ohne etwas zu begehren und ohne mit anderen um Geld zu kämpfen leben konnte. Ich bin dankbar, dass er mir einen stressfreien Weg des Lebens zeigte – und wie ich tief atmen kann, als ob ich ein Fisch wäre, der ins

Wasser zurückgekehrt ist. Ich versuchte mein Leben in der Hoffnung zu führen, dass ich ein ebenso gutes Beispiel von „Ich begehre nichts" sein und wahrhaft den zehn Richtungen dienen könnte.

Verbindung zum gesamten Universum

Sawaki Roshi: Zazen ist der Weg, durch den du dich mit dem ganzen Universum verbinden kannst.

Samadhi heißt, ständig in jedem Augenblick für alle Wesen zu arbeiten und als das ganze Universum zu leben.

Satori zu empfangen heißt überhaupt nicht, an einen speziellen Ort zu gehen, sondern natürlich zu sein.

Uchiyama Roshi: Sawaki Roshi erwähnte oft das „Selbst, das mit dem Universum verbunden ist" und das „Selbst des ganzen Universums" oder das „universale Selbst". Wenn einer diese Worte hört, mag er denken, durch Zazen könne man fühlen, wie Körper und Geist die Größe des Universums annähmen. Das meinte er aber nicht. Wenn du während Zazen so etwas fühlst, ist es eine Täuschung oder *makyo*[24]. Buddhismus diskutiert niemals die Größe des Universums. So lange du groß und klein vergleichst, hast du nur einen halbfertigen Standpunkt. Die eigenen begrenzten, egozentrischen Gedanken aufzugeben ist der einzige Weg, das Leben zu leben, das mit dem Universum verbunden ist, genau jetzt, genau hier.

Sawaki Roshi: Für einen Fisch ist es unmöglich zu sagen: „Ich bin durchs ganze Wasser geschwommen", für einen Vogel ist es unmöglich zu sagen: „Ich bin den ganzen Himmel abgeflogen". Aber Fische schwimmen durchs ganze Wasser und Vögel fliegen den ganzen Himmel entlang. Killi-Fische[25] und Wale schwimmen durchs ganze Wasser. Das ist keine Frage von Menge, sondern von Qualität. Wir wirken mit unseren Händen und Füßen in einem Radius von nicht mal einem Meter, doch wir wirken auch im gesamten Himmel und auf der ganzen Erde.

Uchiyama Roshi: Wenn du ein öffentliches Bad besuchst, ist das öffentliche Bad das ganze Universum für dich. Es gibt einen Weg, ein Bad zu

---

[24] Die Welt des Teufels.
[25] Jap. *medaka*, steht in der Regel für den kleinsten Fisch.

nehmen, der mit dem Universum verbunden ist. Wenn du auf die Menschen dort Rücksicht nimmst und an die denkst, die später kommen und wenn du ein Bad nimmst, ohne andere zu stören, dann ist das der Weg, ein Bad zu nehmen, das mit dem gesamten Universum verbunden ist. Eine Straßenbahn besteigen, eine Arbeit verrichten und zuhause leben – all das muss auf dem Weg, der mit dem gesamten Universum verbunden ist, getan werden. Bevor wir diese Handlungen als Etikette oder Moral strukturieren, müssen wir erkennen, wie sie spontan aus der Dynamik des Lebens selbst entspringen.

Sawaki Roshi: Da alle Dinge Inhalte des Selbst sind, sollten wir uns aufmerksam benehmen und die Gefühle anderer Menschen berücksichtigen.

Das wahre „Ich" ist nicht das Produkt des Denkens

Sawaki Roshi: Das wahre „Ich" ist nicht das „Ich", das dem Denken entspringt. Das ist alles!

Uchiyama Roshi: In den *Annalen* schrieb Konfuzius: „Ich will gar nichts sagen. Die vier Jahreszeiten ziehen vorbei und die hundert Dinge wachsen. Was meint der Himmel dazu?" Das klingt nicht wie andere Dinge, die Konfuzius sagte. Doch wenn ich diesen Ausspruch für einen Ausdruck des Geisteszustandes halte, den er in seinen späten Jahren erreicht hatte, kommt er mir nicht so seltsam vor.

Und in einem Gedicht von Ryokan heißt es:

> Als meinen Willen
> kann ich was zurücklassen?
> Im Frühling Blumen,
> im Sommer Kuckucke
> und im Herbst Ahornblätter.

Wenn du dir die Worte von Konfuzius und Ryokan im Lichte von Sawaki Roshis Ausspruch anschaust – „Das wahre 'Ich' ist nicht das 'Ich', das ein Produkt des Denkens ist" –, dann kannst du verstehen, was sie meinen.

Weil das Selbst jenseits des Denkens ist, kann es nicht festgelegt werden. Siehst du nicht, dass das wahre „Ich" jenseits des Fassungsvermögens menschlichen Bewusstseins liegt? Es ist das Selbst, das mit dem Universum verbunden ist. Es ist „Die vier Jahreszeiten ziehen vorbei" und es ist „Im Frühling Blumen, im Sommer Kuckucke und im Herbst Ahornblätter." Dieses „Ich" ist nicht das „Ich", das anderen ihr Glück neidet oder sich an ihrer Traurigkeit erfreut und denkt: „Warum passieren mir nie solche Dinge?" oder „Gut, dass so etwas nicht mir passiert ist." Es ist vielmehr das „Ich", das sich über das Glück anderer freut und das Unglück anderer bedauert.

Sawaki Roshi: Diskussionen über die Wurzel der Selbsttäuschung finden statt, nachdem das „Ich" aufgetaucht ist.

Die meisten Menschen beschweren sich darüber, so sehr beschäftigt zu sein. Womit sind sie so beschäftigt? Sie sind nur deshalb so umtriebig, weil sie von ihren weltlichen Wünschen gefangen werden, das ist alles.

Der wahre Zustand der Dinge (die ultimative Existenz, *jisso*) hat sich geklärt, ist aufgelöst und in Frieden. Nichts steht auf dem Spiel, und es gibt nichts, wovon man getäuscht werden könnte.

Zuviel Information und der Überfluss an Leben

Sawaki Roshi: Wenn du die vergängliche Welt als den Inhalt von Zazen akzeptierst, kannst du den Buddha-Dharma klar sehen. Egal, wie sehr du in der vergänglichen Welt leidest, du kannst dein Leben nicht bereichern.

Uchiyama Roshi: Einmal sagte eine Frau zu mir: „Sie wissen wirklich viel über die Welt, obwohl sie die meiste Zeit im Tempel bleiben." Ich frage mich, ob ihre Aussage zutreffend ist. Vielleicht gibt es nicht viele Menschen in meinem Alter, die so unschuldig der Welt gegenübertreten wie ich. Bis heute (ich bin sechzig Jahre alt) habe ich nur ein halbes Jahr lang für Lohn gearbeitet; den Rest der Zeit hatte ich mit der Welt nichts zu tun, sondern mein Leben mit Zazen, Betteln, Tempelreinigen, Gartenpflegen, Feuerholzsammeln und Kochen verbracht. Ich lese Zeitungen, habe aber keinen Radio und keinen Fernseher, es gibt also keinen Grund, warum ich viel darüber wissen sollte, was in der Gesellschaft vor sich geht. Wenn ich jedoch an die Menschen denke, die bei mir wegen ihrer Probleme Rat suchen oder die zu mir kommen, um zu erzählen, dass sie von meinen Schriften beeindruckt sind, dann scheine ich mehr über die menschliche Gesellschaft zu wissen als die Leute draußen in der Welt.

Die Menschen nehmen so viele Informationen auf, erleben täglich so viel Aufregung und sind davon so gelähmt, dass sie die logischen Verbindungen zu den Wurzeln der Ereignisse nicht mehr erkennen. Sie haben oft gewalttätige Ereignisse im Nationalen Unterhaus im Fernsehen betrachtet, und ihre Sinne sind dabei abgestumpft. Sie sehen im Gedanken fern: „Aha, das Nationale Unterhaus ist also solch ein Platz". Wenn du in einem Tempel ein Leben des Zazen führst und nicht fernsiehst, dann aber zufällig eine solche Szene betrachtest, wirst du natürlich davon überrascht sein. Du würdest glauben, dass diese Welt ein absurder Ort ist, wenn sogar in der Staatspolitik Probleme mit jener Art schäbiger Gewalt gelöst werden, wie du sie in Kamagasaki finden kannst, einem der größten Slums in Osaka. Wenn du in lärmiger Umgebung lebst, bemerkst du bald den Krach nicht mehr. Wenn du an einem ruhigen Ort weilst und in einem Tempel ein Leben des Zazen führst, kannst du vielleicht das wahre Gesicht der Welt erkennen.

Sawaki Roshi: Bis du das „Menschliche" von einem nichtmenschlichen Standpunkt aus betrachtest, wirst du niemals die Wahrheit verstehen.

Was das Leben lebt, ist nur man selbst

Sawaki Roshi: So weit du sehen kannst, gibt es nur dich und nichts als dich. Es ist nicht so als ob du jemanden bitten könntest, deinen Überdruss zu teilen oder dir deine Schmerzen abzunehmen.

Uchiyama Roshi: Vor einiger Zeit gab es diesen Mann, der verschiedene junge Frauen dazu brachte, in sein Auto zu steigen; dann schlug und tötete er sie. Warum machte er so was? Er war schon mal im Gefängnis gewesen; als er seine Zeit abgesessen hatte, musste er feststellen, dass seine Frau ihn verlassen hatte und die Gesellschaft ihn für einen Außenseiter hielt. Es scheint, das Motiv für sein Verbrechen sei Rache. In der Zeitung wurde er zitiert, er habe den Menschen zeigen wollen, wie böse ein zynischer Mensch werden kann, der von seiner Familie und der Gesellschaft verstoßen wurde. Nach seiner Haftentlassung beschloss er, so böse wie möglich zu werden.

Ich weiß nicht, unter welchen Umständen er groß wurde, doch diese Art von Einstellung kann oft bei verhätschelten Kindern beobachtet werden. Solche Kinder lernen nie, ihre Wünsche zu kontrollieren. Auch nachdem sie groß geworden sind, können sie bei ihren Wünschen nicht die Bremse treten und brechen natürlich irgendwann ein. Weil ihre Eltern immer ihre Fehler ausbügeln, wachsen sie auf, ohne je zu lernen, dass nur sie selbst ihr eigenes Leben leben können. Wenn sie in kostspielige Situationen geraten, aus denen sie die Eltern nicht mehr befreien können, denken sie: „Okay, ich werde versuchen, so böse wie möglich zu sein." Sie handeln nur aus Trotz ihren Eltern und der Gesellschaft gegenüber. Sie ruinieren ihr eigenes Leben und zerstören dadurch, was wirklich wichtig ist.

Diese überbehüteten Kinder betrachten sich selbst nur in Beziehung zu anderen und sind nicht fähig, beim wahren Selbst anzukommen oder bei „Ich werde mein eigenes Leben leben". Wenn sie Schwierigkeiten erfahren, können sie ihre Probleme nicht aushalten und besitzen nicht die Flexibilität, die sie bräuchten, um wieder Halt zu gewinnen. Weil es unmöglich ist, unser Leben ohne Fehler und Probleme zu führen, hoffe ich, dass wir die Klarheit besitzen, Schwierigkeiten auszuhalten und wieder Halt zu gewinnen im Wissen, dass wir die Lebenskraft schon besitzen, die uns das ermöglicht. Ich wiederhole noch mal: Was unser Leben lebt, ist nur man selbst!

Ein Gauner schleicht ins leere Haus

Sawaki Roshi: Einmal fragte ein Mönch den Priester Ryuge: „Was brachte früher einen Menschen dazu, seine Geschäftigkeit aufzugeben?" Ryuge antwortete: „Es ist, als würde ein Bandit in einen leeren Raum schleichen." Weil der Ganove in ein leeres Zimmer kommt, kann er nichts stehlen. Es gibt keinen Grund abzuhauen. Niemand verfolgt ihn. Da ist sonst nichts. Merke das gut: „Da ist sonst nichts."

Satori ist wie „Ein Gauner schleicht in ein leeres Haus." Es gibt nichts zu stehlen. Er muss nicht fliehen. Niemand jagt ihn. Er findet in dem leeren Haus keine Befriedigung.

Uchiyama Roshi: Sawaki Roshi sprach oft von dem Gauner, der in ein leeres Haus einsteigt. Einer, der das hörte, schrieb, Sawaki Roshi hätte gesagt: „Wenn du Zazen machst, solltest du es nicht wie ein Dieb tun, der in ein leeres Haus eindringt, weil darin kein Gewinn liegt." Als ich das las, war ich doch sehr von seinem Missverständnis überrascht. Wenn Sawaki Roshi am Leben wäre und das sähe – ich kann mir vorstellen, wie er reagierte! Was buddhistische Schriften zu sagen haben, ist von gewöhnlicher Literatur und Diskussion gänzlich verschieden. Deshalb ist es sehr wichtig, einem Lehrer genau zuzuhören und die Schriften mit einem ruhigen Geist zu lesen. Ich möchte vorschlagen, sie nicht augrund eigener Autorität verstehen zu wollen.

Dieses „Ein Dieb schleicht in ein leeres Haus" ist Sawaki Roshis moderne Übersetzung von Ryuges Worten „Es ist, als würde ein Bandit in einen leeren Raum schleichen" und die Antwort auf die Frage: „Wo ist der Ort, an dem wir all unsere Geschäftigkeit beenden?" oder „Wo ist die wahre Zuflucht in unserem Leben?" Bei aller Anstrengung schlich der Dieb in ein leeres Haus. Es gibt nichts zu stehlen, niemanden, der ihn verfolgt, keinen Grund zur Flucht. Es gibt nichts als das Selbst, das nur das Selbst in dem leeren Haus ist.

In diesem Moment existieren kein Geben und Nehmen und keine Beziehungen zu anderen, darum fühlst du dich nicht ermutigt, sondern eher so, als ob etwas fehlte. Doch *Satori*, der letztgültige Ort, um sich im eigenen Leben niederzulassen, bedeutet, die grundlegende Haltung einzunehmen: „Was mein Leben lebt, ist nichts anderes als ich selbst." *Satori* heißt nur, sich hier und jetzt niederzulassen.

Die Tat eines Diebes und die Tat Buddhas

Sawaki Roshi: Einmal fragte mich jemand: „Wenn wir Zazen machen, dann manifestieren wir vielleicht Buddha, wie Sie es formulierten. Aber wenn wir kein Zazen machen, sind wir dann etwa nur gewöhnliche Menschen?" Denkst du etwa, dass du nur ein Dieb bist, wenn du stiehlst, aber kein Dieb bist, wenn du gerade nichts stiehlst? Du kannst Reis essen, um einen Raub zu begehen oder um Zazen zu üben. Ist es dasselbe oder etwas anderes? Auch wenn jemand nur einmal etwas stiehlt, schließt ihn die Gesellschaft aus; wenn jemand nur einmal Zazen macht, tut er es ewig.

Wie kann es sein, dass nur Goemon Ishikawa ein Dieb und jemand, der aufgrund einer spontanen Eingebung stiehlt, kein Dieb ist? Jeder, der aufgrund eines spontanen Bedürfnisses stiehlt, ist mit Sicherheit ein Dieb. Auf die gleiche Weise ist nicht nur Shakyamuni Buddha ein Buddha. Jeder, der Zazen übt und damit Buddha nachahmt, ist ein Buddha.

Uchiyama Roshi: Sawaki Roshi wies oft auf eine „Diebestat" und „Buddhatat" hin, wenn er über Zazen sprach. Ich möchte seine Erklärung einer Diebestat und Buddhatat untersuchen, weil sie den Unterschied zwischen einer weltlichen und religiösen Sicht der Dinge klärt.

Selbst wenn wir mehr oder weniger Buddhas Sicht des Lebens und Buddhas Charakter haben mögen – stehlen wir aus einem momentanen Bedürfnis heraus und imitieren so Goemon Ishikawa, dann haben wir sowohl in weltlicher wie in religiöser Hinsicht für immer einen Diebstahl begangen. In der Gesellschaft gehen sie rechtlich gegen einen Kriminellen vor und behandeln ihn für den Rest seines Lebens kalt und misstrauisch.

Vom Standpunkt der Religion aus ist es nicht das Ende der Geschichte, wenn du etwas spontan klaust und damit eine Straftat begangen hast, die für immer währt. Selbst wenn jemand den Makel einer früheren Verurteilung für sein kriminelles Handeln trägt – was ist das Ergebnis, wenn er eine Buddhatat nach dem Vorbild Shakyamuni Buddhas begeht? Obwohl er mehr oder weniger die Sicht und den Charakter eines Kriminellen hat, wird seine Buddhatat zur Ursache seiner ewigen Errettung. Als Dieb oder Buddha zu handeln bedeutet, den immerwährenden

Dieb oder den immerwährenden Buddha hier, in diesem Augenblick, zu manifestieren. Daher gibt es sogar für den grausamsten Verbrecher ein Tor zur Errettung.

Was ist der grundlegende Unterschied zwischen der säkularen und der religiösen Welt? In der säkularen Welt urteilen und beurteilen die Menschen einander. In der religiösen Welt gibt es keine Beziehung zu anderen Menschen. Es ist die Welt der „Wirklichkeit des Selbst" und des „Selbst, das nur das Selbst ist". In der Welt, in der Menschen sich beurteilen, gibt es überlegene und unterlegene, gute und schlechte Menschen, doch die Wirklichkeit des Lebens ist nicht so einfach. In der religiösen Welt als Realität des Lebens kann niemand von Kopf bis Fuß ein Dieb sein und niemand von Kopf bis Fuß ein Buddha. Egal, wie böse sich jemand benommen hat, er kann von seiner Sünde erlöst werden, wenn er sie bereut und sein wahres Selbst kennenlernt. Selbst jemand so Großes wie Shakyamuni Buddha kann seine guten Taten nicht für die Zukunft ansammeln – und kann nicht als ein Buddha festgelegt werden.

Wenn wir genau jetzt eine Diebestat imitieren, werden wir zu einem Dieb. Wenn wir genau jetzt eine Buddhatat imitieren, werden wir zu einem Buddha. Was auch immer unsere Vergangenheit war, wir sollten genau jetzt als Buddha handeln, genau hier. Das und nur das ist die wahre Richtung menschlichen Lebens.

Sawaki Roshi: Zazen ist nichts, was du anhäufen könntest. Shinran lehnte die Idee des Ansammelns von *nenbutsu* ab. Im Shin-Buddhismus wird das Ansammeln von Übung *jiriki konjo* (Geist der Eigen-Stärke) genannt. Stell dir jemanden vor, der sagt: „In meiner Jugend war ich ehrlich. Seit kurzem hab ich damit aufgehört und begonnen, andere zu bestehlen." Du kannst deine guten Taten nicht ansammeln.

Wenn du Goemon Ishikawa imitierst, wirst du im Moment deines Stehlens ein Dieb. Wenn du durch Zazen Buddha imitierst, wirst du Buddha.

Der „Was soll ich tun?"-Tanz

Sawaki Roshi: Es gibt da ein paar Zeilen aus einem Bühnenstück: „Was soll ich machen? Was soll ich machen? Oh! Was soll ich machen?" Für mich gibt es keinen Grund zu fragen „Was soll ich machen?", weil ich sehe, dass nichts von Bedeutung ist.

Uchiyama Roshi: Diese Welt ist ein Ort, in der jeder wie ein Zappler im Sumpf wackelt: „Was soll ich tun? Oh! Was soll ich nur tun?" Die Wurzel dieses „Was soll ich tun?"-Tanzes ist Karma. Karma ist jede Handlung, die wir unternehmen, um unsere Bedürfnisse zu befriedigen. Wir handeln, wie wir wollen und abhängig von unseren Wünschen, doch nur, wenn die Dinge sich so entwickeln, wie wir es wollen, grinsen wir. Wann immer Dinge sich so begeben, wie wir es nicht wollen, tanzen wir herum und sagen: „Oh! Was soll ich bloß tun?"

Aber Glück und Pech, Freude und Unglücklichsein, richtig und falsch, gut und böse sind in dieser Welt nicht so, wie du sie aufgrund deiner Wünsche beurteilst. Sie sind nicht das, was du von anderen hörst oder was du selbst denkst. Wenn du das wirklich erkennst, kannst du nicht anders, als dein Vertrauen in deine kleinen Gedanken und Meinungen zu verlieren. Und wenn du dein Vertrauen in deine eigenen kleinen Gedanken verlierst, wirst du am Ende aufhören zu fragen: „Was soll ich tun?", und du wirst verstehen, dass „Nichts ist von Bedeutung" wahr ist. Dann wird die Quelle des Leidens, der Geist, der fragt: „Oh! Was soll ich nur tun?", überraschenderweise gänzlich verschwinden. Leiden ist die Frustration von Begehren. Wann immer wir aufgrund von Begehren handeln, werden Trübsal und Leiden wie eine Wolke vor uns auftauchen.

Sawaki Roshi: Amitabha sagt stets zu uns: „Das ist gut. Sorge dich nicht. Kein Mensch wird seinen Weg verlieren. Lass dich nicht verwirren!" Dennoch heult die Menschheit ständig: „Oh! Nein! Das ist nicht gut!"

Glück und Pech, reich und arm, gut und schlecht – in dieser Welt machen die Menschen ein großes Gezeter darum. Die Welt jenseits von Unterscheidung ist *hishiryo*. Das heißt, menschliche Gedanken fahren zu lassen.

In Leere erstreben

Sawaki Roshi: Menschen können in jede Richtung schreiten, Osten, Westen, Süden oder Norden, wo auch immer sie hinwollen.

Was immer jemand tut, es dehnt sich in die zehn Richtungen aus. Ewigkeit im Augenblick – nur diese Übung ist wichtig.

Einmal bat Rikyu Sen[26] einen Zimmermann, einen Nagel in einen Alkovenpfosten des Teehauses zu schlagen. Lange suchten sie nach einer geeigneten Stelle und markierten sie schließlich. Eine Weile taten sie etwas anderes, konnten dann jedoch die Markierung nicht mehr finden. Also suchten sie noch einmal nach einer geeigneten Stelle und entschieden sich zum zweiten Mal mit den Worten „Ah! Hier!". Als sie genau schauten, erkannten sie, dass es exakt die Stelle war, die sie beim ersten Mal markiert hatten. Kannst du das nicht sehen? Es gibt immer ein entschlossenes Streben, das keine Eigenschaften hat, mitten in der Leere. Auch ein menschliches Gesicht muss einen entschlossenen Blickwinkel besitzen.

Uchiyama Roshi: Welchen Weg wir auch gehen, wir leben das Selbst, das nur das Selbst ist, und es gibt keine Richtung, die uns verboten ist. Wir sollten besser genau entscheiden, wohin wir gehen – ohne nervös zu werden, aus friedvollem Geist. Doch in der Mitte der Leere, die keine besondere Richtung verlangt, muss es ein entschlossenes Streben geben. Egal, was wir tun, es dehnt sich in die zehn Richtungen aus; Ewigkeit existiert in einem Augenblick.

Menschen, die ihr erbärmliches Leben so leben wie ich, schlagen einfach willkürlich einen Nagel in den Alkovenpfosten, ohne den Zimmermann zu fragen. Aber für einen Menschen wie Rikyu Sen gibt es einen Weg, den Nagel *in Leere* einzuschlagen. Wir sind Menschen, die in jede Richtung schreiten können: Osten, Westen, Süden oder Norden, wo auch immer wir hinwollen. Nur wenn wir das Selbst verwirklichen, das sich in die zehn Richtungen ausdehnt, und die Übung der Ewigkeit Augenblick für Augenblick ausführen, wird der Geistesfrieden des „Selbst, das nur das Selbst ist, egal was passiert" wirklich werden.

---

[26] Rikyu Sen (1521–1591) war Begründer der Senke-Chanoyu-Schule. Er meisterte die Tee-Zeremonie unter Shojo Takeno und entwickelte sie entscheidend weiter.

Sawaki Roshi: Die Wahrheit des Buddhismus wird durch Übung verwirklicht; sie wird durch den Körper erlangt. Die Art, wie wir Muskeln und Knochen unserer Körper lenken, muss ein Ausdruck von Zazen sein. Mit Zazen als Grundlage – indem wir also sehen, dass alles, was uns begegnet, das Selbst ist – wird unsere Einstellung dem Leben gegenüber verwandelt. Das ist Übung. Innerhalb dieser Übung entdecken wir den wahren Frieden des Geistes.

Die letzten Worte Sawaki Roshis

Sawaki Roshi: Dir muss es um Größeres als ein Menschenleben gehen, das mit 70 oder 80 Jahren sein Ende nimmt.

Uchiyama Roshi: Sawaki Roshi sagte diese Worte kurz nachdem er sich in den Antaiji-Tempel zurückgezogen hatte, weil es seine Beine ihm nicht mehr erlaubten, seine Reisen durch ganz Japan fortzusetzen. Ich hatte ihm seinen nachmittäglichen Tee auf das Zimmer gebracht und erwiderte einfach nur „Ja", bevor sich das Gesprächsthema änderte. Heute bedaure ich, nicht tiefer auf die Sache eingegangen zu sein, Erst als ich mich selbst von meinen Abtspflichten aus dem Antaiji zurückzog, wurde mir bewusst, dass ich nun keine weitere Aufgabe als das Sterben vor mir hatte. Als ich mit dem Problem meines eigenen Lebens und Sterbens konfrontiert war, erinnerte ich mich plötzlich so frisch an die Worte des Roshi, wie wenn ich sie erst gestern gehört hätte. Mir scheint, er habe sie mir als seine letzten Worte mit auf den Weg gegeben, und ich lerne noch heute von ihnen.

Sawaki Roshi: Was für eine Verschwendung ist es, mit deinem Körper wie mit einem Kloß Fleisch von knapp zwei Meter Länge umzugehen. Wie dumm, ein Leben zu leben, das nach 50 oder 80 oder 100 Jahren endet. Den Buddhaweg zu praktizieren bedeutet, sich als Mensch kein Haarbreit von dem Buddha zu unterscheiden, der sich ewig und unbegrenzt im Kosmos ausdehnt.

Uchiyama Roshi: Als Sawaki Roshi am 21. Dezember 1965 verstarb, war er vollkommen ruhig. Er gab auch keine letzten Worte von sich. Ich erinnere mich noch genau daran, wie er diesen Tag vom Morgen an verbrachte. Selbst beim Sterben konnte ihm keiner die Gelassenheit nehmen. Er war wie ein großer ausgetrockneter Baum, der am Ende umstürzt.

Vor seinem Tod hatte er manchmal gesagt: „Wenn ich tot bin, ruft das Krankenhaus der Universität Kioto an, damit sie den Leichnam zu Forschungszwecken abholen können. Danach könnt ihr euch einfach zusammensetzen und ein Glas Wein trinken. Ich möchte mir nicht anhören müssen, wie ihr mit weinerlicher Stimme Sutren rezitiert!" Deshalb habe ich nach Sawaki Roshis Tod auch nichts weiter getan, als seinen Leichnam der Universität Kioto zu übergeben und ein 49tägiges Sesshin abzuhalten.

Bis heute klingen mir die Worte des Roshi in den Ohren, und ich glaube, dass sie mir geholfen haben, das Leben zu meistern. Insofern jedes einzelne seiner Worte für mich zugleich Stütze als auch Wegweiser war, sind alle Worte Sawaki Roshis seine letzten Worte für mich.

Über Kodo Sawaki Roshis Zazen

Ich verbinde das Jinno-in mit der Erinnerung an meinen letzten Lehrer Kodo Sawaki Roshi. Er besuchte uns hier oft. Auf seiner letzten Reise in die Bezirke von Chugoku und Kyushu kam er ins Jinno-in und hielt einen Vortrag zum Thema „Andere sind nicht ich". Der wurde von einem Reporter der *Asahi* aufgezeichnet und erschien dort in der „Frieden des Geistes"-Sektion.

Nach Reisen durch Kyushu kehrte Sawaki Roshi nach Tokio zurück und bereitete sich auf einen Ausflug nach Tohoku vor. Sein erstes Ziel war Ofunato, doch als er dort ankam, erkannte er, dass er nicht weitergehen konnte. Er kehrte nach Tokio zurück und sandte mir ein Telegramm, in dem stand: „Komm und hol mich ab." Ich fuhr sofort nach Tokio und brachte ihn nach Kioto. Von da an blieb er in Kioto und verbrachte seine letzten Tage im Antaiji. Nach meiner Erinnerung war Jinno-in der letzte Ort, an dem Sawaki Roshi einen Vortrag hielt. Das war zum Frühlingsende 1963.

Ich hörte mir zum ersten Mal eine Dharma-Unterweisung von Sawaki Roshi während eines Sommerzazen im Juli 1941 im Sojiji an, war davon tief beeindruckt und entschied mich sofort, sein Schüler zu werden. Er wies mich an, ins Daichuji in der Präfektur Tochigi zu gehen. Ich betrat das Daichuji im August und wurde am 8. Dezember 1941 ordiniert. Es war am Tag des Angriffs auf Pearl Harbour.

Der Grund, warum ich anfing, den Buddhaweg zu üben, ist ein bisschen von dem der meisten buddhistischen Priester verschieden. In dem englischen Textbuch, das ich im ersten Jahr der Mittelschule studierte, fand ich das Sprichwort: „Lebe nicht, um zu essen, aber esse, um zu leben." Ich denke, das war nur ein Beispiel für den Gebrauch des englischen Infinitivs, doch ich war richtig beeindruckt davon. Ich glaubte fest an die Wahrheit des Gesagten. Das Lesen dieses Satzes war der Anfang meiner Übung.

Ich bin fast siebzig Jahre alt und habe nie gelebt, um zu essen. Ich habe oft amerikanischen Hippies erzählt, dass ich nie gelebt habe, um zu essen, nie gearbeitet, um Geld zu verdienen oder einen Lebensunterhalt zu erlangen. Selbst Hippies waren überrascht, das zu hören, doch es ist wahr. Der einzige Job, den ich jemals hatte, war als Lehrer für sechs Monate an einer christlichen Schule für Theologie. Mein Lohn betrug achtzig Yen im Monat. Das war das einzige regelmäßige Einkommen, das ich je erhielt.

Heute sagen Menschen, dass jeder seinen Lebensunterhalt verdienen sollte. Ich denke, das ist dumm. Aus meiner Sicht ist es gut genug, das ganze Leben mit Campen zu verbringen. Ich dachte schon immer, dass es völlig ausreichend wäre, *heute* zu überleben, ohne zu verhungern. Ich lebte fast mein ganzes Leben auf diese Art, also weiß ich, dass es möglich ist. Während des Zweiten Weltkriegs wurde ein Mensch mit einer solchen Einstellung jedoch nicht gefüttert, und ich machte eine schwere Zeit durch. Folglich war ich fehlernährt und lag zwei Monate im Bett im Hause meiner Eltern. Aber ich arbeitete nicht, um zu essen. So sehr beeinflusste das Sprichwort „Lebe nicht, um zu essen, esse, um zu leben" mein Dasein.

Zu der Zeit, als ich Schüler der dritten Klasse in der Mittelschule war, wurde meine Aufmerksamkeit auf die Frage gerichtet: „Was ist der Sinn des Lebens?" Ich wurde davon total gefangen genommen und fragte immer: „Was ist Leben? Was ist Leben?" Für die Aufnahmeprüfungen der Universität zu lernen, war mir nicht wichtig, doch ich stellte diese Frage jedem, der fähig schien, darüber nachzudenken. Fast alle Menschen, die ich fragte, sagten: „Ich weiß nicht" oder „Du bist ein komischer Junge, also wirklich!". Manchmal äußerte jemand eine Meinung, doch es ging nur darum, bequem zu leben oder die soziale Leiter hinaufzuklettern. Keiner konnte mir eine befriedigende Antwort auf meine Frage geben.

Ich wurde in Tokio geboren und ging dort oft in die christliche Kirche. Christentum beginnt mit Gott, der die Menschen erschuf. Menschen verfallen der Sünde und Gott errettet sie in der Form von Jesus Christus. Gott ist die erste Ursache und der Grund von allem. Ich hörte auch Unterweisungen in Buddhismus. Ich ging regelmäßig jeden Samstag zu Treffen, bei denen die bekanntesten buddhistischen Vertreter der Zeit lehrten. Laut ihnen suchten Buddhisten Erwachen oder Nirwana. Die Grundaussage war, dass der Buddhismus eine Lehre ist, in der „ein Buddha werden" das Ziel darstellt. Für mich war nur mein eigenes Leben wichtig. Ich konnte diesen Unterhaltungen über Gott und Buddha nicht folgen, weil sie nichts mit meinem Leben zu tun hatten.

Obwohl es damals nicht so viele neue Religionen gab, habe ich mir ein paar angeschaut. Ich war gänzlich von ihnen enttäuscht, weil sie nur von dem weltlichen Lohn sprachen, den man erlangen konnte, wenn man an sie glaubte. Sie hatten ebenfalls nichts mit meinem Leben zu tun. Ich entdeckte, dass die meisten Menschen niemals über die Frage des Selbst nachdenken, dass sie sich nie selbst fragen: „Was ist die Natur des eigenen Lebens, das auf dem Selbst gründet?"

In alten Zeiten dachten Japaner, dass Menschlichkeit und Gerechtigkeit, wie sie im Konfuzianismus betont wurden, der höchste Weg seien. Später, als der Buddhismus übermittelt wurde, dachten sie, Buddhas Lehren seien die wichtigsten, also folgten sie seinen Lehren, indem sie Nirwana suchten. Ich fühle mich dabei an einen jungen Mann erinnert, der keine passende Braut findet. Auch wenn er gezwungen ist, ein Mädchen zu heiraten, das ihm seine Eltern aussuchen, nährt er seine Illusion, er habe sie selbst gewählt und sie sei die bestmögliche Partnerin. Japaner wertschätzen alles, was ihnen überliefert wird, als das höchste. Sie bedenken nie das Leben des Selbst.

Ich halte einmal im Monat in Kioto einen Vortrag übers *Shogobenzo*. Dogen Zenji benutzte oft den Ausdruck „Buddha-Dharma", besonders im *Shobogenzo*. Ich bin enttäuscht, dass nur wenige der Kommentare und Vorträge, die auf seinen Schriften basieren, die Bedeutung von Buddha-Dharma diskutieren. Wenn Mönche und Gelehrte, die Dogen Zenjis Schriften kommentieren, auf diesen Ausdruck treffen, erleben sie eine Menge chaotischer Empfindungen und reden darüber als Objekt der Anbetung. Sie versuchen nie herauszufinden, was er wirklich bedeutet. Sie sehen Dinge nicht mit ihren eigenen Augen. Sie gehen nicht vom Selbst aus.

Früher waren Religionen geographisch beschränkt. Es gab Christentum im Westen, Buddhismus im Osten, Hinduismus und Islam dazwischen. Heute sind, neben den Hauptreligionen, unzählige neue Religionen hinzugekommen, die wie Wellen auftauchten. Sie entstanden, weil Religion ein sehr lukratives Geschäft sein kann. Nun, wo die Welt eine große Gemeinschaft wird, ist es in Bezug auf Religion so, als ob jemand in einen Bienenstock geschlagen hätte oder eine Spielzeugbox überreicht würde – Religionen werden wie Spielzeug überall verteilt.

Wir haben keine Meßlatte, um eine wahre Religion bestimmen zu können. Es ist wie Shoppen in einem Supermarkt. Wir kaufen einen Gott, nachdem wir uns umgesehen und überlegt haben, wie viel Geld wir ausgeben können. Als Mittelschüler war ich schlau genug zu erkennen, dass das einzige, was ich tun konnte war, die Wirklichkeit meines eigenen Lebens zu leben. Zu dieser Zeit verstand ich jedoch nicht die Natur dieser Wirklichkeit.

Es gibt einen bekannten Ausdruck im *Shobogenzo Genjokoan*. „Den Buddha-Weg studieren heißt: das Selbst studieren." Als ich zum ersten Mal diesen Worten begegnete, sah ich, dass ich nicht der einzige Mensch war, der versuchte, sein Leben vom Selbst ausgehend zu leben. Dogen Zenji lebte auf diese Art. Auch Shakyamuni verließ sein Zuhause und wurde Mönch, weil er mit seinem bisherigen Leben Probleme hatte; er musste seinem eigenen Selbst folgen.

Später las ich auch das *Shobogenzo Jishozanmai*, wo Dogen Zenji von verschiedenen Dingen spricht. Am Anfang sagt er: „Wenn wir einem Lehrer oder einem Sutra folgen, folgen wir dem Selbst." Das bedeutet, wenn wir mit einem Lehrer üben, der uns auf dem Weg oder dem Studium der Sutren voranging, folgen wir nur dem Selbst. In Dogen Zenjis Worten: „Die Sutren sind von Natur aus die Sutren des Selbst. Der Lehrer ist von Natur aus der Lehrer des Selbst." Wenn wir mit einem Lehrer üben, ist der Lehrer „ich selbst". Wenn wir ein Sutra studieren, ist das Sutra nichts als „mein eigenes Selbst".

Dogen Zenji fährt fort: „Darum bedeutet viele Lehrer zu besuchen, das Selbst häufig zu besuchen." Früher reisten Übende in Bambus-Hut, schwarzen Roben und Strohsandalen, um Lehrer zu besuchen. Auf diese Art zu reisen, um einen wahren Lehrer zu finden, bedeutet das Selbst zu suchen. Sie hielten nicht an, bis sie den wahren Lehrer gefunden hatten.

Später sagt Dogen Zenji: „Verschiedene Gräser zu ergreifen bedeutet, das Selbst zu ergreifen. Verschiedene Bäume zu ergreifen bedeutet, das Selbst zu ergreifen." Das heißt, dass – wenn du irgendein Gras oder einen Baum ergreifst oder was immer dir begegnet – du nur dem Selbst begegnest. In diesen beiden Sätzen (Dogens) ist das wichtigste vollständig ausgedrückt. Alle Dinge existieren als meine eigene Lebenserfahrung. Weil ich das sehe, existiert tatsächlich alles als meine eigene Lebenserfahrung. Ich lebe nur durch die Erfahrung dieser Dinge. Die Wirklichkeit aller Dinge und die Wirklichkeit meines eigenen Selbst sind ein und dasselbe.

Dogen Zenji sagte auch: „Wir müssen das Selbst mit einer solchen Übung studieren." Die Wirklichkeit des Lebens des Selbst ist genau so. Und: „Während der Übung lassen wir das Selbst los und begegnen wirklich dem Selbst." Wenn wir mit allem, was uns begegnet, als „mein eigenes Leben" üben, begegnen wir dem wahren Selbst.

Weiter sagt Dogen Zenji: „Wenn ein einfältiger Mensch von Selbsterleuchtung durch das Selbst hört, meint er, er solle keine Dharma-Übermittlung von einem Lehrer empfangen, sondern den Weg selbst studieren. Das ist ein großer Fehler." Ein naiver Mensch mag denken, dass es nicht nötig sei, mit einem Lehrer zu üben, weil wir das Selbst doch durch alles studieren, was uns begegnet. Das ist ganz falsch. Nach Dogen Zenji: „Wer ohne Übermittlung durch einen wahren Lehrer ist und denkt, sein eigenes, unterscheidendes Verständnis sei die Wahrheit, ist ein Nicht-Buddhist, der die Betonung auf 'Natürlichkeit' legt." Solch ein Mensch lebt nur nach ihren eigenen begrenzten und kranken Ideen; sie studiert nicht das Selbst.

In frühen Zeiten gab es Menschen, die das Selbst im wahren Sinne suchten. Es wäre gewiss töricht von mir gewesen, nur meinen eigenen begrenzten Ideen zu folgen. Bis ich nicht mit ganzem Herzen mit einem Menschen geübt hatte, der wahrhaft und vollständig das Selbst untersucht hatte, würde ich nie das wahre Selbst verstehen. Als ich zu diesem Schluss kam, entschied ich mich endlich, Mönch zu werden und Zen zu üben.

Mein Vater reagierte auf meine Entscheidung so: „Du bist ein schwieriger Mensch. Ein halbfertiger Lehrer wird dir nichts nutzen", und er versuchte, einen guten Roshi für mich zu finden. Schließlich empfahl er Sawaki Roshi, der damals der *godo* (der in einem Zen-Kloster für das Instruieren der Mönche Zuständige) im Sojiji war. Er riet mir, zum Sommer-*zazenkai* zu gehen und wenn ich Sawaki Roshi für einen guten Lehrer hielte, zu fragen, ob ich sein Schüler werden könne. Also nahm ich am Sommer-*zazenkai* des Jahres 1941 im Sojiji teil.

Es war das erste Mal, das ich überhaupt einen Menschen traf, der klar über das Selbst sprach, nach dem ich gesucht hatte. Obwohl ich eine Menge Vorträge über Buddhismus und Christentum gehört hatte, hatten diese Unterredungen nichts mit dem Selbst zu tun. Sawaki Roshi erzählte vom Selbst, das auf dem Selbst gründet. Während des *zazenkai* zeichnete ich begierig seine Unterweisungen auf. Zuhause fasste ich seine Lehren auf der Grundlage meiner Aufzeichnungen zusammen. Wenn ich mir nun meine Zusammenfassung anschaue, finde ich sie recht gelungen.

1. Der Buddha-Dharma ist der letztgültige Weg zu leben.
2. Zazen zu üben heißt, das durchscheinende Selbst zu werden.
3. Zazen zu üben bedeutet, Selbst durch das Selbst mit dem Selbst zu tun.
4. Zazen zu üben heißt, das Selbst zu werden, das eins mit dem Universum ist.
5. Zazen ist für nichts gut.

Ist ganz okay, denke ich, obwohl ich es schrieb, nachdem ich Sawaki Roshi zum allerersten Mal gehört hatte und bevor ich Mönch wurde, noch ohne irgendetwas über Zazen zu wissen.

Ich möchte nun die einzelnen Punkte meiner Zusammenfassung erklären.

Der Buddha-Dharma ist
der letztgültige Weg zu leben

Wie ich zu Beginn sagte, war mein Wunsch, die Wahrheit zu *leben*. Aber was ist Wahrheit? Es war etwas, das ich nicht klar verstehen konnte. Sawaki Roshi nannte es „den letztgültigen Weg des Lebens" oder „den geläutertsten Weg des Lebens". Die meisten Menschen leben ihr Leben auf der Grundlage zufälliger, arglistiger und unvollständiger Ansichten. Sie leben nie die letztgültige Wahrheit.

Nachdem ich Mönch geworden war und den Buddhismus studiert hatte, fand ich heraus, dass diese Ausdrücke nicht Sawaki Roshis Erfindung waren. Er sprach aber mit großer Autorität. Im *Shogobenzo Kiesanbo* lesen wir: „Frage: Warum sollten wir allein zu den Drei Schätzen Zuflucht nehmen? Antwort: Weil sie der letztgültige Ort für eine Rückkehr sind (*hikkyo kisho*)." Die Drei Schätze sind Buddha, Dharma und Sangha. *Hikkyo* bedeutet „nach allem" oder „letztgültig". Warum sollten wir an Buddhas Lehre glauben? Weil Buddhas Lehre der Ort ist, an den wir letztlich zurückkehren müssen.

Im *Shobogenzo Kesakudoku* lesen wir auch: „Unsere Besitztümer und Behausungen sind nicht wirklich, weil sie von früherem Karma geschaffen wurden. Nimm nur Zuflucht zum recht übermittelten Buddha-Dharma! Das ist der wahre Ort für eine Rückkehr." Was denken wir? Die Welt, in der wir wohnen, ist das Ergebnis unseres früheren Karmas. Wir reden großspurig und sagen: „Aus meiner Sicht", doch wir denken nur so, wie wir denken, weil wir von früheren Bedingungen beeinflusst werden. Denken, das auf der Vergangenheit fußt, kann nicht der endgültige Standpunkt sein. Dogen Zenji riet, nur beim recht übermittelten Buddha-Dharma Zuflucht zu suchen; dorthin kehrt das wahre Selbst zurück.

In der Verfassung, die vom Prinzen Shotoku begründet wurde, heißt es: „Wir sollten die Drei Schätze achten. Sie sind die Zuflucht für alle vier Arten lebender Wesen und die Grundlage aller Nationen." Die vier Arten lebender Wesen sind die, die aus dem Schoß geboren werden, aus einem Ei, aus Schlamm und durch Metamorphose – das heißt alle lebenden Wesen. Für alle lebenden Wesen sind die Drei Schätze die letzte Zuflucht, und sie sind das letzte Ziel aller Nationen.

Wie ich vorher sagte, gründet das Leben der Menschen heute auf ihren zufälligen, arglistigen und unvollständigen Ansichten. Warum leben sie auf solche Art? Sie machen es nur aufgrund der Macht der Gewohnheit. Das ist die Dummheit des Schlafes. Menschen versuchen oft in heller Aufregung zu bekommen, was sie wollen, suchen aber doch nur materielle Dinge. Das ist die Dummheit des Begehrens.

Sawaki Roshi redete oft von „Gruppendummheit". Das verweist auf die Aktivitäten einer Sammlung von Menschen, die etwas verfolgen, was sie im Hinblick auf die Gruppe für wichtig halten, mit der sie sich identifizieren. Es gibt verschiedene Formen von Gruppendummheit. Bezahlte Arbeiter leben nur, um für den Profit ihrer Unternehmen zu arbeiten. Das ist die Dummheit der Organisation. Andere Menschen leben nur für einen „Ismus" oder eine Ideologie. Das ist die Dummheit der Argumentation. Viele Menschen denken, dass sie mit anderen in Wettstreit treten müssen, um in der Welt überleben zu können. Sie zwingen ihre Kinder, mehr und mehr zu studieren, damit sie „Gewinner" in diesem Kampf werden können. Das ist die Dummheit des Wettbewerbs. All diese Menschen leben auf der Grundlage ihrer zufälligen, arglistigen und unvollständigen Sichtweisen des Lebens. Wirklich wichtig ist, vom Selbst auszugehen und den endgültigen Weg des Lebens zu leben. Alles gründet darauf.

Zazen zu üben heißt,
das durchscheinende Selbst zu werden

Es gibt verschiedene Wege, Zazen zu üben. Die Essenz von Dogen Zenjis Zazen ist Transparenz. In einer der neuen Religionen Japans üben Menschen eine Art Meditation, die „Kontemplation Gottes" genannt wird. Während ihrer Meditation stellen sie sich selbst als Söhne Gottes vor und bitten Ihn *[sic!]*, Krankheiten zu heilen. Diese Art der Übung wird von einem Wunsch nach Heilung eingefärbt. Wenn du Zazen übst, um Erleuchtung zu erlangen, wird Zazen vom Wunsch nach Erleuchtung eingefärbt. Dogen Zenjis Zazen muss völlig durchscheinend sein. Was ist die durchscheinende Übung von Zazen? Im *Fukanzazengi* schrieb Dogen Zenji: „Denke ans Nicht-Denken. Wie denkst du ans Nicht-Denken? Jenseits des Denkens." Was bedeutet das?

In unseren Köpfen entstehen ständig Gedanken. Das ist Denken oder Unterscheiden. Es ist nicht wahr, weil es vom Karma beeinflusst wird. Bedeutet das, wir sollten danach streben, Gedanken auszulöschen? Ist der Zustand von „Nicht-Denken" wirklich? Absolut nicht! So lange wir leben, werden Gedanken auf natürliche Art auftauchen. Doch wenn wir den Gedanken, die in uns entstehen, nachjagen, dann denken wir bloß – und üben nicht Zazen. Zazen ist nicht Denken noch bedeutet es, ohne Gedanken zu sein. Der Punkt ist, allen Gedanken zu erlauben, frei aufzutauchen. Lass sie einfach kommen und gehen, ohne zu versuchen, sie aufzuhalten. Wenn sie fortgehen, lass sie los. Renne ihnen nicht nach. Das ist die Essenz von Dogen Zenjis Zazen. Darum sagte er im *Shobogenzo Zuimonki*, Zazen sei die wahre Form des Selbst.

Dogen Zenji drückte die Transparenz des Zazen mit dieser Wendung aus: „unbeschmutzte Übungs-Erleuchtung." Unbeschmutzt zu sein ist sehr schwierig. Wenn ich sage, ich sei nicht beschmutzt, bin ich beschmutzt. Wenn ich durchscheinend werden will, bin ich es nicht. Transparenz oder Unbeschmutztheit sind sehr schwer zu verwirklichen. Ich werde das noch einmal diskutieren, wenn ich den fünften Punkt aufgreife: „Zazen ist für nichts gut".

Zazen zu üben bedeutet, das Selbst durch das Selbst mit dem Selbst zu tun

Eine lange Zeit empfand ich, dass ich diese Aussage Sawaki Roshis nicht verstanden hatte. Schließlich wurde klar, dass „Selbst durch das Selbst mit dem Selbst zu tun" oder „mit dem Selbst vertraut zu sein" bedeutet, die Wirklichkeit des wahren Selbst zu leben. Die Wirklichkeit des wahren Selbst zu leben bedeutet, den Wert des Selbst im Selbst zu erkennen. 1969 besuchte mich ein Amerikaner. Er war Präsident eines Unternehmens. „Ich habe eine gute Familie", sagte er. „Finanziell bin ich sorgenfrei, doch ich fühle mich zurzeit leer und einsam. Warum nur?" Ich antwortete: „Das kommt, weil sie nicht wissen, wer sie wirklich sind. Sie werden nicht sie selbst."

Normalerweise sieht jemand sich selbst als Elternteil in Beziehung zu seinen Kindern, als Ehemann oder Ehefrau in Bezug zum Ehepartner. Bei der Arbeit definiert man sich über seine Position. Innerhalb deiner Firma bist du untergeordnet in Bezug auf die Vorgesetzten, ein Chef für deine Angestellten. Du bist Verkäufer in Bezug auf deine Kunden. Verglichen mit einem intelligenten Menschen bist du ein Narr. Du bist arm, wenn du dich mit einem Millionär vergleichst. Du entscheidest, wer du innerhalb einer Beziehung oder im Vergleich zu anderen bist, und du glaubst, dass die Figur, die du so schaffst, du selbst ist.

Der Firmenpräsident hielt sich selbst für einen erfolgreichen Geschäftsmann, doch das war nur ein Bild, das er aufgrund seiner Beziehung zu anderen schuf. Als er versuchte, sich selbst ohne Vergleich zu anderen zu sehen, konnte er nichts Gültiges finden, dass ihn selbst beschrieb, und er fühlte sich plötzlich leer und einsam. Nur dadurch, dass die meisten Menschen sich leidenschaftlich an die Figur hängen, die sie in Bezug auf andere geschaffen haben, vermeiden sie Gefühle von Leere und Einsamkeit.

Ich hörte neulich eine interessante Geschichte. Während eines Telefongesprächs bat jemand, mit Direktor Tanaka sprechen zu dürfen. Der Empfänger des Gesprächs sagte: „He, Tanaka, dieser Typ will mit Direktor Tanaka sprechen!" Das hörte der Anrufer. Tatsächlich war Tanaka kein Direktor, nur ein Abteilungsleiter. Dennoch klang Tanakas Stimme recht erfreut, weil der Anrufer ihn Direktor Tanaka genannt hatte. Er missbrauchte eine Position in der Firma für sich selbst. Er glaubte, dass die Beurteilungen anderer wirklichen Wert hätten.

Wie im *Suttanipata* geschrieben steht: „Jemand, der sich auf andere verlässt, ist immer ruhelos." So lange du dich auf andere verlässt, wirst du von anderen bestimmt. Wenn andere sich bewegen, musst du dich auch bewegen. Nehmen wir an, du hättest ein bestimmtes Ausmaß von Reichtum und erwartest, nach der Pensionierung bequem leben zu können. Der Wert deines Geldes verfällt freilich Jahr um Jahr, selbst wenn du es in der Bank aufbewahrst. Du kannst nicht anders, als beim Gedanken an die Zukunft besorgt zu sein. Wenn du erwartest, dass deine Kinder sich um dich kümmern, wenn du zu alt bist, das selbst zu tun, dann ist doch unsicher, ob sie sich das werden leisten können.

Es gibt eine Geschichte über Shakyamuni Buddhas letzte Tage. Buddha war sehr alt. Auf seiner letzten Reise wurde er, nur von Ananda begleitet, sehr krank. Buddha sagte: „Ich bin müde, bitte bereitet mir einen Platz zum Ausruhen." Ananda machte ein Bett im Schatten eines großen Baumes, und Buddha legte sich hin und ruhte sich aus. Nach einer Weile erholte er sich ein bisschen, stand auf und begann zu laufen. Nach einer kurzen Strecke sagte er wieder „Ich bin müde" und legte sich erneut hin. Ananda wurde sehr unruhig und wollte andere Schüler herbeirufen, doch Buddha erlaubte es ihm nicht. Als seine letzte Lehre hinterließ Buddha die folgenden Worte: „Nimm Zuflucht im Selbst. Nimm Zuflucht im Dharma. Nimm nicht Zuflucht in irgendetwas anderem."

Im *Dhammapada* lesen wir: „Das Selbst ist der Meister des Selbst. Wer sonst könnte dieser Meister sein? Wenn das Selbst völlig gebändigt ist, erlangt man die höchste Zuflucht, die schwer zu erreichen ist." [160] Das Selbst ist die Grundlage von Buddhas Lehre. „Sich im Selbst niederlassen" wird durch Sawaki Roshi ausgedrückt als „Selbst durch das Selbst mit dem Selbst tun." Auf die gleiche Art wird es von Dogen Zenji „das Samadhi des Selbst" *(jijuyu zanmai)* genannt.

Als ich nach Sawaki Roshis Tod mit *Sesshin* im Antaiji begann, entschied ich mich, seine Lehre mit ganzem Herzen auszuführen, indem ich ihr die vollständigste Ausdrucksform verleihe, die möglich ist. Als er noch lebte, standen wir früh auf, saßen eine Zeit lang in Zazen und rezitierten dann Sutren. Danach frühstückten wir, dann wurde saubergemacht, dann gab's Tee. Nach dem Tee kehrten wir ins *Zendo* zurück und hörten kurz darauf einen Vortrag. Wir taten viele Dinge, die mit Zazen vermischt wurden. Üblicherweise werden *Sesshin* auf diese Art abgehalten. Ich begann jedoch mit einer Art *Sesshin,* bei der wir nur in

Zazen saßen, ohne irgendetwas anderes zu tun. Wir haben drei Mahlzeiten, doch nach dem Essen machen wir *Kinhin*. Wir wiederholen Zazen und *Kinhin* den ganzen Tag, von vier Uhr morgens bis neun Uhr abends, ohne Unterbrechung. Kein Reden. Keine Beziehung zu anderen.

Wir benutzen keinen *kyosaku* (Schlagstock). Wenn du nur eine oder zwei Perioden sitzt, ist es gut, Menschen mit dem *kyosaku* zu schlagen, um sie aufzuwecken. Doch wenn du den ganzen Tag sitzt – als Selbst ohne Beziehung zu anderen –, ist es unmöglich, fünf Tage lang von Anfang bis Ende zu schlafen. Schließlich wachst du auf. Wenn du aufwachst, setzt du dich ernsthaft hin, denn du übst nur für dich selbst, nicht für andere. Wenn der *kyosaku* benutzt wird, kann er zu einer Art Spielzeug werden; Menschen spielen damit und denken: „Er hat mich geschlagen. Wenn ich an der Reihe bin, werde ich ihn zurückschlagen." Wir legen diese Art von menschlichem Gefühl in Zazen, weil wir alle gewöhnliche lebende Wesen sind. Also benutzen wir keinen *kyosaku*. Wir sitzen nur mit ganzem Herzen zusammen, als unsere eigene Übung. Wir sitzen einfach Zazen und tun Selbst durch das Selbst mit dem Selbst. Das geschieht nicht nur während der Sesshin. Unser ganzes Leben lang sollten wir der Wand gegenübersitzen. Das ist bis heute meine Art der Übung.

Ich wurde 1941 zum Schüler von Sawaki Roshi und folgte ihm fünfundzwanzig Jahre lang bis zu seinem Tod im Jahre 1965. Während dieser Zeit erhielt ich nie ein Gehalt. Ich bekam nicht einen Yen. Ich erhielt keinen Bonus, keine Abfindung, keine Rente. Ich habe kein Priesterdiplom. Ich ermutige meine Schüler, auf die gleiche Art zu üben. Egal, wie lange sie im Antaiji bleiben, sie werden nie ein Diplom, einen Lohn, eine Abfindung oder Rente bekommen. Dennoch sollten sie schweigend zehn Jahre lang mit Zazen fortfahren. Das ist eine ganz schön anstrengende Übung. Es ist unter Mönchen üblich zu behaupten, sie müssten hart üben, weil sie ja gerade sitzen und vom *kyosaku* geschlagen werden, doch diese Art von Übung ist sehr unvollständig.

Ich wurde Mönch, als ich dreißig Jahre alt war. Als ich vierzig war, hatten meine Freunde aus der Grundschule, Mittelschule und Universität alle bereits gute Positionen in der Gesellschaft. Ich pflegte in Takatsuki zu betteln (*takuhatsu*), einer Stadt auf halbem Weg zwischen Kioto und Osaka. Ein Freund aus der Waseda-Universität war Bürgermeister der Stadt. Ich werde es nie vergessen. Ich bettelte und erhielt Ein-

Yen- oder Fünf-Yen-Münzen oder Zehn-Yen-Scheine, einen nach dem anderen, in den Straßen der Stadt, in der mein alter Freund der Bürgermeister war. Nun ist er Mitglied im Beratungsausschuss des Unterhauses oder so was. Ein Freund von mir aus der Mittelschule war zu dieser Zeit Fabrikmanager bei der *Mitsubishi Automobile Company* in Kioto. Er sagte, er stünde fünftausend Arbeitern vor. Ich war Novize, bis ich Fünfzig wurde. Ich hatte nur kleine Jobs wie Reiskochen in der Tempelküche.

Vom Standpunkt menschlicher Empfindung ist es eine sehr strenge Übung, zwanzig oder dreißig Jahre lang nur einer Mauer gegenüberzusitzen, ohne irgendeinen Köder oder eine Gegenleistung. Dennoch erzähle ich meinen Schülern, sie sollten zehn Jahre lang schweigend sitzen. Es gibt verschiedene Menschen hier, die bereits seit zehn Jahren sitzen, also sage ich: „Sitzt noch einmal zehn Jahre schweigend." Wenn sie zwanzig Jahre lang gesessen haben, werde ich ihnen sagen: „Sitzt noch einmal zehn Jahre." Wenn sie dreißig Jahre lang sitzen, werden Leute in ihren Zwanzigern in die Fünfziger kommen. Wenn sie unbeweglich sitzen, ohne irgendeinen Köder, bis sie fünfzig Jahre alt sind, werden sie sicher sehr fähige Menschen sein, die große Arbeiten ausführen können. Wenn ich ihnen schon zu Anfang riete, dreißig Jahre lang zu sitzen, wären sie perplex. Also empfehle ich zuerst, zehn Jahre zu sitzen, dann sage ich: „Noch zehn Jahre." Einige meiner Schüler sind auf dieser Stufe. Doch wenn sie einmal zwanzig Jahre lang gesessen haben, sind zehn Jahre mehr überhaupt nicht schwierig, weil sie dann bereits Vertrauen haben.

Es ist wunderbar, weiter zu sitzen, wo es keinen Köder gibt. Warum ist es wunderbar? Wenn jemand zwanzig oder dreißig Jahre lang nur einer Wand gegenübersitzt, wird er das Selbst verwirklichen, dass nur das Selbst ohne Beziehung zu anderen ist, und er wird den Wert des Selbst nur innerhalb des Selbst finden. Wenn jemand nicht den Wert des Selbst innerhalb des Selbst findet, ist es unmöglich, unter solchen Bedingungen weiter zu sitzen.

Normalerweise denken Menschen, dass ihr Wert als Person von dem Urteil anderer abhängt. Sie finden ihren persönlichen Wert in der Höhe ihres Gehaltes. Wenn sie irgendeinen Titel haben, denken sie, dass sie wichtig seien. Falls sie ein Geschäft besitzen, werden sie wertvoller, wenn die Verkäufe steigen. Sie hantieren jedoch bloß mit Spielzeug.

Gib genau in diesem Moment auf, mit Spielzeug zu hantieren, und sitze als das Selbst, das mit anderen unverbunden ist. Zazen zu üben bedeutet, Selbst durch das Selbst mit dem Selbst zu tun. Das heißt, den eigenen Wert als Person im Selbst zu finden und wahrhaftig die Wirklichkeit des Lebens zu werden. Dies ist die Grundlage des *Samadhi* des Selbst *(jijuyu zanmai)*.

Zazen zu üben heißt, das Selbst zu werden,
das eins mit dem Universum ist

Normalerweise unterstellen wir, dass wir uns selbst verstehen. Doch das Selbst, von dem wir glauben, wir verstünden es, ist das Selbst in Beziehung zu anderen. Es gibt im Moment vier Milliarden Menschen auf Erden, also bin ich nur einer von vier Milliarden. Wenn wir die Zahl der Menschen in Vergangenheit und Zukunft berechnen, bin ich einer unter unzähligen anderen. Neulich las ich etwa folgendes in der Zeitung: Du hast zwei Eltern. Deine Eltern haben jeweils zwei Eltern. Wenn du deine Vorfahren zählst, Generation für Generation, wird ihre Zahl sich auf viele Milliarden belaufen.

Ich weiß nicht, ob das stimmt, aber man sagt, der gegenwärtige Kaiser sei der einhundertzwanzigste. Vierzig Generationen sind ein Drittel der Geschichte der Kaiserfamilie. Wenn wir annehmen, dass eine Generation dreißig Jahre dauert, führt uns dies zwölfhundert Jahre zurück. Es ist erstaunlich zu erkennen, dass es Milliarden und Abermilliarden von Vorfahren in einer solch kurzen Zeit gibt. Und das sind nur die Menschen. Wenn wir alle lebenden Wesen auf der Erde zählen, sind „andere" für jeden von uns wirklich zahllos. Die Erde ist nur ein Planet in einem Sonnensystem, das Teil eines viel größeren galaktischen Systems ist. Es gibt zweihundert Milliarden dauerhafte Sterne allein in unserer Galaxie und unzählige Galaxien in dem uns bekannten Universum. „Ich" bedeutet in Beziehung zu „anderen" beinahe nichts. Wir mögen sorglos Ameisen töten, indem wir auf sie drauftreten; doch jeder von uns ist – als Individuum, das eines unter allen ist – wirklich viel kleiner als eine dieser Ameisen. Wir sind wirklich nichts.

Manchmal sagen Politiker, menschliches Leben sei wertvoller als irgendetwas. Sie sagen wundervolle Dinge, um in gewissen Situationen unsere Herzen zu gewinnen. Es ist ein großer Fehler, ihnen zu glauben. Sie glauben tatsächlich nicht mal ihre eigenen Worte. Wenn ein Krieg wie der Zweite Weltkrieg ausbricht, erzählen sie dir womöglich, dein Leben sei nur zwei Pfennige wert. Sie könnten dich zum Wehrdienst zwingen, indem sie dir einfach eine Postkarte senden und dich dadurch aufs Schlachtfeld schicken. Wenn sie sagen, dein Leben wäre zwei Pfennige wert, dann hat dein Leben wenigstens ein bisschen Wert. Aber in Wirklichkeit hat „Ich" unter Myriaden von Wesen weniger Wert als eine Darmbakterie. „Alle Wesen" ist so unbegrenzt wie das. Und doch existieren alle Wesen, weil ich existiere. Die Grundlage von allem muss die Lebenserfahrung des Selbst sein.

Das Selbst ist die Grundlage der Lebenserfahrung aller Wesen. Alle Wesen existieren, weil das Selbst existiert. Für dich existiert diese Welt nur, weil du lebst. Jeder von uns lebt das Leben, das „alles aus allem" ist. Zur gleichen Zeit leben wir als Individuen oder „einer aus allen". Dies ist die Natur des Selbst. In Zazen begegnet „Ich" als „eins aus allen" dem Selbst, das „alles aus allem" ist. Das ist die Bedeutung von „das Selbst werden, das eins mit dem Universum ist". Das ist nicht nur Theorie. Es ist Wirklichkeit. Wie können wir das wirklich erfahren?

Als ich noch im Antaiji war, richtete einer meiner Schüler ein Blumenbeet her, in das er eine Menge Tulpen pflanzte. Im Frühling wuchsen sie schnell und blühten alle auf einmal in vielen Farben. Es gab rote, gelbe, blaue, schwarze, rosa- und orangefarbene. Alle waren sehr farbintensiv. Sie waren so schön! Eines warmen und friedvollen Frühlingstages schaute ich sie an und dachte: „Wie kommen all diese verschiedenen Farben aus derselben Erde?" Das war wirklich wundersam. Nach einer Weile fiel mir ein, dass diese Farben nicht nur aus der Erde kamen. Die Tulpen absorbierten Kohlendioxid aus der Luft sowie Licht und Wärme der Sonne. Ich erkannte, dass sogar eine kleine Tulpenblüte aus dem gesamten Universum hervorkam. Seitdem benutze ich den Ausdruck *tenchi ippai* (voll des Universums). Während dieses Frühlingstages beobachtete ich friedliche Wolken, die am Himmel entlangzogen, und schrieb bewegt folgende Verse nieder:

Wolken – Ein Gedicht des Lebens

Wolken –
plötzlich tauchen sie aus dem Universum auf
und verschwinden wieder darin.
Gedankenlos ziehen sie mit einem Lächeln dahin.
Einige fließen friedvoll und ruhig,
andere erscheinen gewalttätig und lachen dunkel,
laden Donner und Grollen ein.
Frühlingswolken befeuchten die Erde.
Monsunwolken reinigen mit langdauerndem Regen.
Die Reue von Schneewolken in tiefer Wintersruhe.
Hasserfüllte Taifune, die durchdrehen.
Wolken wirbeln und Stürme blasen
als ob sie alle Wesen töten wollten,
und manchmal verschwinden alle Wolken
und lassen nur den tiefblauen Himmel zurück,
der keine Hindernisse zeigt.

Wolken –
plötzlich tauchen sie aus dem Universum auf
und verschwinden wieder darin.
Diese Wolken –
die ursprüngliche Form aller lebenden Wesen.
Das ganze Universum ist nichts als Leben.

Es ist sehr interessant, Wolken zu beobachten. Jede Wolke, die plötzlich auftaucht, hat ihre eigene einzigartige Form des Ausdrucks. Jede von ihnen nimmt eine andere Form an. Wir Menschen sind genauso. Wir sind ganz wie Wolken. Sawaki Roshi sagte einmal: „Jeder in dieser Welt sammelt nur Wolken an." Das ist wahr. Geld ist wie Wolken. Menschen wetteifern miteinander wegen Geld und Status, doch früher oder später verschwinden all diese Dinge. Die Menschen sammeln nur Wolken. Wir sollten jedoch verstehen, dass die Grundlage, von der alle wolkenähnlichen Dinge plötzlich auftauchen, das Leben des gesamten Universums ist.

Ein bisschen später schrieb ich dieses Gedicht:

Das Herz des Nenbutsu

Ich esse Nahrung aus dem Garten
des Universums.
Ich trinke Wasser von der Quelle
des Universums.
Ich atme Luft des ganzen Universums.
Mein Leben entspringt dem gesamten Universum.
Angezogen von der Anziehungskraft
des gesamten Universums
werde ich rein und klar.
Das gesamte Universum ist es,
wohin ich zurückkehre.

Die Nahrung, die wir essen – Körner, Gemüse, Früchte und Fleisch – alles entstammt dem gesamten Universum. Wir leben das Leben des gesamten Universums. Alles kommt ohne Ausnahme aus dem gesamten Universum. Wir werden sachte von der Anziehungskraft des gesamten Universums bewegt und mit dem gesamten Universum rein und klar. Das gesamte Universum ist es, wohin wir zurückkehren.

Dieses gesamte Universum wird Amida (Amitabha in Sanskrit) genannt. Amitabha bedeutet unbegrenztes Leben oder unbegrenztes Licht. Nahrung, Luft, Wasser – alles ist ein Geschenk von Amitabha. Wir leben das Leben Amitabhas. Es wird das ursprüngliche Gelübde genannt. Vom ursprünglichen Gelübde beeinflusst, werde ich in Amitabha rein und klar. Im Buddhismus bedeutet der Ausdruck „Glaube" *(shin)*, rein und klar zu sein. Von der Anziehungskraft des gesamten Universums gezogen, werden wir mit dem ganzen Universum rein und klar. Das ist Glaube. Wir sagen auch „*namu*" (Skt. *namas),* was „zum wahren Leben des Selbst zurückkehren" bedeutet oder „das Selbst, das eins mit dem Universum ist". Die Grundlage der Übung ist das Selbst, das ständig als Leben des gesamten Universums tätig ist, so wie die magnetische Nadel eines Kompasses immer nach Norden weist.

Namu Amidabutsu (Zuflucht im Amitabha-Buddha nehmen) heißt ein anderes Gedicht, das ich schrieb.

Namu Amidabutsu

Amida ist „unbegrenzt".
Wo auch immer was auch immer passiert,
es findet in meinem Leben statt.
Namu bedeutet „zum Leben zurückkehren",
keine Aufmerksamkeit an das zu verschwenden,
was ich denke oder glaube,
angezogen von der Gravitationskraft
der absoluten Wirklichkeit –
das ist mein Leben!
Durch Körper, Sprache und Geist,
immer hier und jetzt,
tätig als *Namu Amidabutsu.*
Das ist *Butsu* –
ein entwickeltes menschliches Wesen.

Amitabha existiert nicht, weil ich denke, dass er existiert. Amitabha-Buddha existiert, ohne sich darum zu scheren, ob ich an ihn glaube oder nicht. Unabhängig davon, was ich denke oder glaube, ist Amitabha „voll des Universums". Von dem ursprünglichen Gelübde angezogen, das die absolute Wirklichkeit des Amitabha bedeutet, agiere ich durch meinen eigenen Körper, meine Sprache, meinen Geist. Das ist Buddha. „Buddha" bezeichnet einen Erwachsenen, einen wirklich reifen Menschen.

Jeder lächelt, wenn seine Wünsche erfüllt werden, und beschwert sich, wenn sich Dinge gegen seinen Willen entwickeln. Wenn auch körperlich ausgereift, neigen die Menschen doch dazu, albern wie hungrige Geister zu sein. Spirituell entwickeln sie sich niemals über diesen Zustand hinaus. Ein Mensch, der nur körperlich erwachsen ist, ist ein gefälschter Erwachsener. Buddha ist nichts Besonderes. Buddha ist ein reifes menschliches Wesen. Dogen Zenji machte das im *Shobogenzo Hachidainingaku* (Acht Bewusstheiten eines Wahren Erwachsenen) sehr deutlich. Übung, wie von Dogen Zenji gelehrt, bedeutet, ein Erwachsener im wahren Sinne des Wortes zu werden.

Zazen bedeutet: aufhören, irgendetwas zu tun. Wenn wir Zazen machen, sollten wir davon Abstand nehmen, irgendetwas zu tun. Weil wir Menschen sind, fangen wir aber an zu denken. Die Gedanken in unserem Kopf schaffen eine Art Dialog. Als Börsenmakler magst du denken: „Ich hätte sie da verkaufen sollen. Nein! Ich hätte sie kaufen sollen", oder „Ich hätte eine Weile warten sollen". Wenn du ein junger Liebhaber bist, taucht vielleicht ständig deine Freundin in Gedanken auf. Wenn du eine Schwiegermutter bist, die mit ihrer Schwiegertochter nicht klarkommt, denkst du vielleicht nur an sie. Die Gedanken werden aus eigenem Antrieb in Abhängigkeit von der Situation, in der du dich befindest, auftauchen, während du Zazen machst. Wenn du bemerkst, dass du denkst – wo du doch nichts tun solltest – und dann zu Zazen zurückkehrst, werden die Gedanken, die vor dir so klar wie Bilder auf einem Fernsehbildschirm erschienen, plötzlich verschwinden, als hättest du den Fernseher abgeschaltet. Nur die Wand bleibt vor dir. Für einen Augenblick ist es das. So ist Zazen. Dann tauchen wieder Gedanken aus sich selbst heraus auf. Wieder kehrst du zu Zazen zurück und sie verschwinden. Wir wiederholen das einfach. Man nennt das *kakusoku* (Bewusstheit der Realität). Der wichtigste Punkt ist hier, dieses *kakusoku* Milliarden von Malen zu wiederholen. So sollten wir Zazen üben.

Wenn wir auf diese Art üben, werden wir bemerken, dass unsere Gedanken nichts anderes als Absonderungen unseres Hirnes sind. So wie unsere Speicheldrüsen Spucke abgeben und unser Magen Verdauungssäfte produziert, so scheidet unser Hirn Gedanken aus.

Normalerweise verstehen die Menschen das nicht. Wenn wir denken: „Ich hasse ihn!", dann hassen wir die Person und vergessen, dass der Gedanke bloß eine Ausscheidung ist. Hass besetzt unser Denken und tyrannisiert es. Indem wir die Person hassen, ordnen wir uns ihr wie einem Tyrannen unter. Wenn wir jemanden lieben, werden wir von unserem Haften an dieser Person davongerissen, wir werden von der Liebe versklavt. Am Ende leben alle von uns wie Vasallen dieses Fürsten – des Gedankens. Das ist die Quelle all unserer Probleme.

Unsere Mägen sondern Verdauungssäfte ab, um Nahrung zu zerkleinern. Wenn zuviel abgesondert wird, könnten wir ein Geschwür oder Magenkrebs bekommen. Unsere Mägen sondern Verdauungssäfte ab, um uns am Leben zu halten, doch ein Übermaß kann gefährlich werden. Heutzutage leiden Menschen unter einem Übermaß an Hirnabsonderungen und gestatten es, von diesen tyrannisiert zu werden. Das ist die Ursache all unserer Fehler.

In Wirklichkeit sind die verschiedenen Gedanken, die in unseren Köpfen entstehen, nichts als die Szenerie des Lebens selbst. Wie ich früher schon sagte, sollten wir dieser Szenerie gegenüber nicht blind oder ihrer unbewusst sein. Zazen erfordert eine Sicht von allem als Szenerie des Lebens des Selbst. In alten Zen-Texten wird das *honchi no fuko* (die Szenerie des Urgrunds) genannt.

Nicht wegen unserer Übung werden wir universum-volles Leben – genau jetzt leben wir es alle. Obwohl wir tatsächlich eins mit dem ganzen Universum sind, manifestieren wir das nicht in unserem Leben. Weil unsere Gedanken ständig unterscheiden, nehmen wir nur den Schwanz der Hirnsekretionen wahr. Wenn wir Zazen üben, lassen wir die Gedanken los, und die Gedanken werden wegfallen. Was in unseren Köpfen auftaucht, verschwindet wieder. So manifestiert sich universum-volles Leben. Dogen Zenji nannte das *shojo no shu* (Übung, die auf Erleuchtung gründet). Universum-volles Leben ist Erleuchtung. In unserer Übung sind wir das ganze Universum. Das wird *shusho ichinyo* (Übung und Erleuchtung sind eins) genannt.

Wir ziehen alle Glück dem Unglück vor, Paradies der Hölle, Überleben dem drohenden Tod. Derart teilen wir stets das Leben gabelförmig auf in etwas Gutes und etwas Schlechtes, in etwas, das wir mögen und etwas, das wir nicht mögen. Wir unterscheiden zwischen *Satori* und Täuschung und versuchen, *Satori* zu erlangen. Doch die Wirklichkeit des Universums ist weit jenseits von Abneigung und Anziehung. Wenn unsere Haltung ist: „Wer auch immer, was auch immer, wo auch immer", dann manifestieren wir das ganze Universum. In der Haltung, die etwas erreichen will, sind wir ungefestigt. Wenn du *Satori* erlangen willst, bist du ganz sicher getäuscht von diesem Wunsch, deine gegenwärtige Situation verlassen zu wollen.

Dogen Zenji lehrte, dass unsere Haltung eine von sorgfältiger Übung in jeder Situation sein sollte, der wir begegnen. Wenn wir in die Hölle fallen, sollten wir nur durch die Hölle gehen. Das ist die wichtigste Haltung, die man einnehmen kann. Wenn wir Unglück begegnen, arbeiten wir uns ernsthaft da durch. Sitzt nur in der Wirklichkeit des Lebens, seht Himmel und Hölle, Unglück und Freude, Leben und Tod, alles mit dem gleichen Auge an. Egal, wie die Situation aussieht, wir leben das Leben des Selbst. Wir müssen unbeweglich auf dieser Grundlage sitzen. Das bedeutet es, „eins mit dem Universum zu werden".

Zazen ist für nichts gut

Sawaki Roshi beendete eine lange Rede über Zazen mit der Behauptung, es sei für nichts gut. Die Leute dachten, er scherze. Doch das war nicht der Fall. Wie ich schon sagte: Wo auch immer was auch immer passiert, ich lebe mein Leben. So lange ich diese Einstellung bewahre, kann ich nirgendwo hingehen. Es gibt keinen Ort, an den ich gehen könnte. Weil es kein Ziel gibt, ist es natürlich zu sagen, Zazen sei für nichts gut. Es gibt dadurch nichts zu gewinnen, weil es voll des Universums ist.

Kurz nachdem ich mit Sawaki Roshi zu üben begonnen hatte, ergab sich die Gelegenheit, mit ihm in die Stadt Utsunomiya zu gehen. Auf unserem Weg sagte ich: „Wie Sie wissen, bin ich ein ziemlich inkompetenter Kerl, doch will ich mit Ihnen zwanzig oder dreißig Jahre Zazen üben – oder bis sie sterben. Wenn ich das tue, wird es dann einer schwachen Person wie mir möglich sein, ein bisschen stärker zu werden?" Sawaki Roshi antwortete: „Nein! Zazen ist nutzlos." Er hatte eine laute, tiefe Stimme, er war stark und resolut. „Ich bin nicht wegen meines Zazen so", fuhr er fort, „ich war schon vor meiner Übung so. Zazen ändert einen Menschen nicht. Zazen ist nutzlos." Als ich das hörte, dachte ich so bei mir: „Auch wenn Sawaki Roshi sagt, es wäre nicht möglich, werde ich doch in der Lage sein, mich zu verbessern." Ich folgte ihm fünfundzwanzig Jahre lang, bis er starb.

Sawaki Roshi starb im Dezember 1965. Als er noch lebte, verließ ich mich irgendwie auf ihn. Nach seinem Tod konnte ich das nicht mehr. Kurz nach seinem Tod rief ich mir die Frage ins Gedächtnis zurück, die ich auf unserem Marsch nach Utsunomiya gestellt hatte: „Habe ich mich nach der Übung des Zazen mit dem Roshi nach fünfundzwanzig Jahren verändert?" Ich stellte fest, dass ich mich überhaupt nicht geändert hatte. In diesem Augenblick sagte ich ganz folgerichtig zu mir: „Ein Veilchen blüht als Veilchen, eine Rose als eine Rose." Es gibt Menschen wie Sawaki Roshi, die großen Rosenblüten ähneln. Andere – wie ich – ähneln kleinen, hübschen Veilchenblüten. Was ist besser? Das ist keine Frage von Bedeutung. Ich sollte von ganzem Herzen erblühen, genau so, wie ich bin.

Schlussfolgernd lebe ich also das universum-volle Leben der absoluten Wirklichkeit unabhängig davon, ob ich das denke oder nicht, glaube oder nicht, akzeptiere oder ablehne. Der springende Punkt unserer

Übung ist, dieses universum-volle Leben hier und jetzt zu verwirklichen. Darin wird nicht über Erfolg oder Versagen geurteilt. Wenn es Erfolg und Versagen gibt, befinde ich mich in Beziehung zu anderen. Wo doch alles, was mir hier und jetzt begegnet, Teil meines Lebens ist, sollte ich nichts rüde behandeln. Ich sollte mich um alles mit ganzem Herzen kümmern. Ich übe auf diese Art: Alles, was mir begegnet, ist mein Leben. „Wenn jemand ein Ding erlangt, dann dringt er in es ein; wenn jemand einer Übung begegnet, dann praktiziert er sie", so drückte es Dogen Zenji im *Shobogenzo Genjokoan* aus. Wenn ich einer Sache begegne, dann praktiziere ich sie.

Wenn du zum Beispiel einen Berg besteigst, steigst du Augenblick für Augenblick, einen Schritt nach dem anderen. Du besteigst den Berg nicht nur, wenn du den Gipfel erreichst. Schritt für Schritt, das ist wichtig. Wir leben Augenblick für Augenblick, Schritt für Schritt. Das ist eine Aktivität des ganzen Universums. Sie ist für nichts gut. Es ist Übungs-Erleuchtung ohne Beschmutzung. Nach dem *Shobogenzo Yuibutsuyobutsu* bedeutet „unbeschmutzt", weder anzunehmen noch abzulehnen und nicht zu unterscheiden. Es gibt nichts aufzunehmen oder wegzuwerfen. Es gibt keinen Zielort. Weil es voll des Universums ist, kann es nicht beschmutzt werden. Mit dieser reinen Lebenskraft in mir, lebe ich stets hier und jetzt und manifestiere das ganze Universum. Diese Übung zu pflegen, die für nichts gut ist, das ist die Bedeutung des Wortes *shikan* (So-Heit). Dogen Zenji benutzte das Wort *shikan* oft als „nur tun" oder „konzentriert tun". Das bedeutet nicht, Ekstase zu erfahren oder geistig von einer Handlung aufgesogen zu werden. Ekstase zu erleben oder geistig gefangen genommen zu werden setzt ein Objekt oder Ziel voraus. *Shikan* besitzt kein Objekt. Es ist „nur tun" als die reine Lebenskraft des Selbst.

In unserer modernen Welt denken die meisten Menschen in Begriffen des Wettbewerbs mit anderen im Kampf ums Dasein, ums Geld, Status oder Macht. Wir hingegen sind das Selbst, das nur das Selbst ist. Wir tun Selbst durch das Selbst mit dem Selbst. Dieses Selbst ist voll des Universums; es ist eins mit dem ganzen Universum. Wer immer, was immer mir begegnet, es ist mein Leben. Wir tun Dinge einfach mit der wahren, reinen Lebenskraft des Selbst, ohne Erwartung. Wir müssen nicht weinen, wenn wir versagen oder in einer Art Wettbewerb zurückfallen. Es gibt keinen Grund, vor etwas zu fliehen oder irgendetwas hinterherzujagen, etwa aus dem Wunsch, Glück zu erlangen oder Unglück auszuweichen. Wenn wir rastlos diesen und jenen Weg verfolgen, wird unser Leben instabil.

Geradeheraus zu leben, mit einer würdigen Haltung, bewegt von der Lebenskraft des Selbst, das eins mit dem ganzen Universum ist – das ist der Weg des Lebens, wie ihn Sawaki Roshi lehrte: ein Weg, der auf Zazen gründet.

Übersetzer

Yadonashi Kodo Hokkusan wurde von Koshi Ichida – unter Mithilfe von Marshall Mittnick vom Pioneer Valley Zendo in Massachusetts – ins Englische übersetzt und von George Varvares überarbeitet und herausgegeben.
Das Kapitel *On Sawaki Kodo Roshi's Zazen* („Über Sawaki Kodo Roshis Zazen") wurde von Shohaku Okumura unter Mithilfe von George Varvares im Shorinji (Kioto) übersetzt.
Für die Fehler der 1. deutschen Auflage entschuldigt sich Guido Keller.

Dem, der dieses Buch gern hat, sei empfohlen:

Abt Muho: *Zazen oder der Weg zum Glück* (Rowohlt 2007).

Kodo Sawaki: *Zen ist die größte Lüge aller Zeiten* [Original: *Ikiru chikara toshite no zen*] (Angkor 2005) – übersetzt von Muho

Kodo Sawaki: *An Dich* [Original: *Zen ni kike*] (Angkor 2005) – übersetzt von Muho

Der Angkor Verlag – Auszug aus dem Programm

Musô Soseki: *Gespräche im Traum.*
Musô Soseki (1275-1351) war ein herausragender Rinzai-Meister mit 13.000 Schülern und 52 Dharma-Nachfolgern. Neben Gesprächen *(mondô)* finden sich in diesem Buch auch Lehrtexte und wunderbare Gedichte, die das tiefe Zen-Verständnis des Meisters zum Ausdruck bringen. – Band 1 der Reihe „Große Zen-Meister". [9,90 Euro]

Zibo Zhenke: *Kuhmist vom Landhaus zur Hohen Kiefer.*
Zibo Zhenke (1543-1603) war ein überaus bedeutender Zen-Meister im China der Ming-Zeit. Er wurde vom Volk als Meditationslehrer und als Interpret der Zen-Philosophie geachtet. In Taiwan ist Zibos Leben noch heute Gegenstand etlicher populärkultureller Darstellungen. – Band 2 der Reihe „Große Zen-Meister". [9,90 Euro]

Menzan Zuihô: *Das Leben des Zen-Bettlers Tôsui.*
Tôsui Unkei (1612?-1683), von einigen als Zen-Hippie bezeichnet, lebte zeitweise unter Bettlern, war sich aber auch für keine schweißtreibende Arbeit zu schade. Die vorliegende Biografie wurde 1749 von Menzan Zuihô, einem der herausragenden buddhistischen Gelehrten seiner Zeit, verfasst und später zusammen mit zwanzig seiner Illustrationen veröffentlicht. Sie entstammt den gesammelten Werken der Sôtô-Zenschule, *Sôtôshû Zensho*. – Band 3 der Reihe „Große Zen-Meister". [9,90 Euro]

Dogen Zenji: *Shobogenzo. Die Schatzkammer des Wahren Dharma. Band 3 und Band 4.*
Klassiker der Zen-Literatur aus dem 13. Jh. Die ersten zwei Bände erschienen im Theseus Verlag und werden hier nahtlos fortgesetzt. [je 22 Euro]

Takuan Sôhô: *Das Tor zur heiteren Gelassenheit. Zen und Kampfkunst.*
Zen-Meister Takuan schrieb seine berühmte Unterweisung *Fudôchi Shinmyôroku* für den Schwertkampfmeister Yagyû Munenori. Dieser Band enthält außerdem mit den *Abenderzählungen* und dem *Anjin hômon* zwei von Takuans wesentlichen buddhistischen Texten. [9,90 Euro]

Suzuki Shosan: *Du wirst sterben!*
Suzuki war – wie der Autor des *Hagakure* – zunächst Samurai, bevor er Zen-Mönch wurde. Seine kriegerische Zen-Lehre stellt die Konfrontation mit dem Tod in den Mittelpunkt. [11 Euro]

www.angkor-verlag.de

www.ingramcontent.com/pod-product-compliance
Lightning Source LLC
Chambersburg PA
CBHW022144160426
43197CB00009B/1422